AF347219

P. BEAUFORT

L'âme héroïque d'un prêtre

Vie de l'Abbé Jean LAGARDÈRE

Préface de Mgr TISSIER, Évêque de Châlons

> « O Christ, je vous aime et il me
> semble qu'il me sera permis de vous en
> donner un témoignage sanglant ; accordez-
> moi cette grande grâce après une vie toute
> d'épreuves et de bons combats »
>
> (J. L., Rome *1889*).

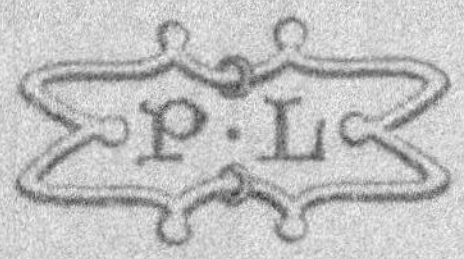

PARIS (VIᵉ)

P. LETHIELLEUX, LIBRAIRE-ÉDITEUR
10, Rue Cassette, 10

1926

L'âme héroïque d'un prêtre

Vie de l'Abbé Jean LAGARDÈRE

P. BEAUFORT

L'âme héroïque d'un prêtre

Vie de l'Abbé Jean LAGARDÈRE

Préface de Mgr TISSIER, Évêque de Châlons

« O Christ, je vous aime et il me semble qu'il me sera permis de vous en donner un témoignage sanglant : accordez-moi cette grande grâce après une vie toute d'épreuves et de bons combats ».

(J. L., Rome 1889).

PARIS (VIe)

P. LETHIELLEUX, LIBRAIRE-ÉDITEUR

10, Rue Cassette, 10

1926

LETTRE-PRÉFACE

—

Mademoiselle,

J'avais eu l'avantage d'apprécier l'âme apostolique et chevaleresque de l'abbé Lagardère, en lisant, avant la guerre, ses beaux articles de la Femme Contemporaine et de la Jeune Fille Contemporaine. Elle s'y répandait en flammes ardentes dont l'enthousiasme et l'idéal n'excluaient jamais les réalités pratiques, et, si l'on s'y réchauffait comme au contact des cœurs qui brûlent, on s'y instruisait à la fois des meilleures méthodes de la direction féminine. L'expérience même en était si forte et les idées si larges qu'on devinait sans peine sous ces pages, tout de même un peu refroidies, mieux qu'un aumônier de femmes du monde et de moniales, mais un véritable entraîneur d'hommes.

La guerre me le révéla tel, qui l'amena et le fit vivre de longs mois dans mon diocèse, parmi les soldats de Champagne qui avaient succédé, dans ses soucis de ministère, aux pieuses Carmélites de Besançon. Familier des doctrines du sacrifice, il sut alors, par sa parole et ses exemples, aussi

bien montrer à ceux-là les chemins de l'holocauste,
qu'il avait poussé celles-ci aux élans de la pénitence, avec la même bonne humeur ronde, austère
et joyeuse.

Souffrir gaiement, porter sa croix avec allégresse, sans qu'elle cesse d'être une croix, me
semble avoir été en effet son caractère personnel
et le caractère de son apostolat. C'est ainsi du
moins qu'il m'est apparu, Mademoiselle, dans
la biographie si vivante et si alerte que vous
présentez au public, d'une main si virile et si sûre,
d'une plume si experte, avec un cœur chaud comme
le sien, qui l'a pénétré tout entier et l'a dépeint
comme il était, comme je l'ai connu, comme tant
d'âmes l'ont aimé, comme il méritait de survivre.

C'était une tâche ardue pour une femme que
de s'essayer à l'histoire d'une existence où la
doctrine substantielle tient presque autant de
place que les faits, où les événements les plus divers,
mêlés de faveurs et de disgrâces, de succès et
d'obstacles, appelaient des appréciations difficiles et réclamaient des réserves de jugement
délicates. Maîtresse de votre pensée partout,
vous avez mené le récit de cette vie comme il aurait
voulu qu'on la raconte, à sa manière primesau-
tière et conquérante. Sans vous perdre dans les
détails, vous n'en donnez d'ordinaire que ce qui
est nécessaire et suffit pour mettre en relief une
situation, une idée ou une doctrine. Votre ouvrage, habilement orienté toujours dans le sens
sérieux du héros qu'il veut glorifier, n'est pas

ainsi, comme tant de livres, une simple série d'anecdotes, mais une véritable psychologie, j'allais dire la philosophie d'une grande âme, comme une fresque dont le mouvant spectacle emporte jusqu'à la fin l'admiration, sans arrêt ni lassitude.

Vos lecteurs aimeront l'abbé Lagardère pour ce qu'il fut, mais aussi pour ce que vous en avez dit. Je m'en voudrais de diminuer en cette préface par une réduction la haute et fière statue que vous lui avez élevée. Mais elle jette çà et là des profils trop saillants pour qu'ils n'arrêtent pas un instant l'attention et qu'on ne tente pas de les fixer en marge de vos pages...

Quel délicieux portrait vous avez peint de cet enfant du midi en qui dès l'aurore chantent et vibrent toutes les traditions et toutes les vertus d'un long passé de modestes ancêtres, à qui le travail et la foi ont créé une noblesse d'âme aujourd'hui trop rare dans les familles nouvelles ! Ce que l'éducation religieuse la plus soignée apporte à un fils, comme ce que l'héritage moral le plus riche lui donne par surcroît vous a inspiré des considérations et des tableaux d'une vraie beauté.

Le jeune Lagardère émerge de ce milieu domestique avec une trempe d'idéal et de volonté qui, dès les quinze ans, en fait quelqu'un : ce jeune séminariste ardent et déjà passionné qui ne quitte le monde que pour lui revenir en conquérant, quand le sacerdoce et l'étude personnelle l'auront muni de toutes les armes profanes et divines qui distinguent les apôtres.

S'il y a des hésitations dans sa vocation très ferme, ce n'est que sur la question de savoir vers quelles âmes il tournera son zèle et auxquelles il pourra se donner davantage. Les jeunes gens appellent ses préférences. Mais pour qu'il soit plus apte encore à les élever demain, ses supérieurs le veulent lui-même plus complet. Il passera dans ce but à Santa Chiara des années aussi studieuses que fécondes.

Nul n'était mieux préparé que lui à profiter et à jouir de cette atmosphère de Rome, en ce Séminaire français dont le glorieux passé de l'Eglise est l'horizon familier, près du siège immortel de Pierre d'où coule l'infaillible doctrine, parmi les chefs-d'œuvre de l'antiquité qui sont le quotidien spectacle. Pénétrante et perpétuelle leçon de foi, d'histoire et d'art, qui façonne à leur insu même les plus inattentifs ! L'abbé Lagardère, qui ne laissait alors aucune beauté sans la voir et sans la faire admirer, s'y pénétrait de grandeur ; mais d'une grandeur qui pense moins à monter toujours dans une science égoïste, qu'à se répandre en torrents de dévouement aux autres, comme ces fontaines romaines occupées à se remplir pour se verser plus abondantes.

Rome pourtant avec toutes ses richesses et ses splendeurs, avec son ciel d'azur et son fleuve d'or, ne lui avait point fait oublier la France, ni ses rivières, ni ses montagnes, ni ses concitoyens Agenois. Quand il y revient, c'est comme un épanouissement de sa nature agrandie de beaucoup d'apports, mais retrouvée dans toute l'originalité de son terroir, dont l'âme ne se dépouille jamais...

Il était prêt pour toutes les tâches d'enseignement et d'apostolat. Par une sorte de violent contraste entre ses généreuses aptitudes et ce qui va devenir son humble devoir, Mgr Petit qui savait apprécier les hommes, et pensait sans doute que les meilleurs peuvent attendre au second rang le moment de se révéler au premier ce qu'ils sont, le prit pour secrétaire. C'était de la part d'un évêque comme celui-là, une marque de singulière estime. Mais cela n'allait-il pas changer les destinées de l'abbé Lagardère ? D'autant qu'il y avait entre les deux hommes, supérieurs chacun dans leur genre, presque des abîmes de caractère ; l'un prudent et froid, ne faisant rien sans mûre réflexion, peu disposé, semblait-il, aux attachements sensibles, quoique d'une rare fidélité ; l'autre confiant et généreux, enclin aux prompts élans, bien que sans témérité.

Le transfert de Mgr Petit au siège archiépiscopal de Besançon, en arrachant le jeune secrétaire à tout ce qu'il avait aimé jusque-là, va lui donner l'occasion de manifester désormais, dans des domaines qu'il n'avait pas prévus, toute sa puissance de servir et aussi de souffrir. Mais le fer sous l'enclume jette toujours des étincelles et y paraît parfois transfiguré. Mis en fusion par *le feu du zèle, l'abbé Lagardère y devient capable de se modeler aux besoins de toutes les âmes et d'y suffire.*

Bientôt l'administration diocésaine, où il n'avait qu'un rôle qu'il dépassait, lui laissa des loisirs ; et comme pour défier sa nature ardente, d'aucuns disaient trop extérieure, par un nouveau contraste, son évêque en fit un aumônier des cloîtres.

Il se trouva que le Carmel et dans la suite d'autres pieux monastères, n'eurent pas de directeur plus adéquat à sa tâche et plus autorisé. C'est que d'avance, pour la discipliner et pour la vaincre, le jeune prêtre avait travaillé sa propre âme, non seulement dans la théorie de la Croix où il excellait, mais dans l'immolation et le don de soi. Il n'avait qu'à laisser parler toute la pratique de sa vie pour être non seulement un sûr docteur, mais un entraînant modèle.

Sa mystique et son ascèse n'étouffaient cependant pas les flammes d'activité qui le dévoraient. S'il savait le doux et austère langage qui convient aux Carmélites, il connaissait mieux encore l'éloquence qui fascine les foules. Il avait de l'orateur populaire la fougue de la parole et la magie de l'attitude et du geste. Et son discours n'était jamais d'un dilettante, mais toujours une passe d'arme, un apostolique combat, et quelquefois une lutte corps à corps dont l'enjeu était une doctrine catholique et l'issue devait être une victoire d'âme. On l'appelait dans les chaires les plus illustres ;

il y courait en missionnaire au mépris de ses forces.

Mais comme il arrive aux hérauts de la vérité qui veulent la dire toute, son libre verbe irrita ceux qu'il avait peut-être flagellés ; et, dans la chaire de sa propre cité, il dut subir quelque temps l'ostracisme. Ce lui fut une souffrance féconde qui confirmait ses méthodes apostoliques. Mais les âmes venaient à lui du monde en foule, pour l'entendre au tribunal de la pénitence. Il y était un directeur de consciences incomparable. Vos lecteurs, Mademoiselle, liront d'enthousiasme les pages admirables où vous le présentez, parmi les contradictions, crucifié à des besognes écrasantes, radieux quand même de la gloire qu'il rendait à Dieu de plus en plus, en multipliant ses ministères...

Pour remplacer la chaire d'où l'avaient fait descendre des mécontents et des timides, il eut alors l'idée, que lui inspira d'ailleurs l'apostolat des femmes dont il sentait toute l'influence domestique et sociale et dont il expérimentait les ignorances religieuses et les mauvaises orientations, de créer à leur usage la tribune plus large de deux revues féminines, où il pourrait jeter par le monde, avec ses idées et sa parole d'apôtre, la pleine et pure doctrine évangélique. La Femme Contemporaine et la Jeune Fille Contemporaine ont eu sous son impulsion, avant la guerre qui les fit disparaître, leurs années de saine et féconde popu-

larité. L'abbé Lagardère s'y retrouve tout entier avec son âme sans contrainte, avec sa direction sans ménagements, avec sa doctrine sans fard, avec ses horizons de pensées immenses. De ne plus entendre, dans la presse qui s'occupe du présent et de l'avenir social de la femme, sa voix puissante et ferme, c'est une lacune qu'aucune revue n'a encore pleinement comblée.

L'apôtre infatigable qu'il était se chargea volontiers encore, autant qu'il en fut peut-être chargé, d'une autre direction, que beaucoup déclarent ingrate, où trop peu excellent, par le défaut préalable d'intérêt qu'ils y prennent, et qui pourrait cependant rendre aux diocèses tant de services, quand elle est menée par un homme qui pense, qui sait recueillir et s'interdit de flatter ; je veux parler de la Semaine Religieuse. *M. Lagardère y fut cet homme là : chroniqueur bien informé, docteur qui veut instruire, historien édifiant et suggestif, sobre de louanges et n'en donnant que de méritées. A écrire humblement ses pages hebdomadaires, on peut rester médiocre ; mais on peut se révéler aussi un maître de la doctrine et de la piété qui éclaire et sanctifie les âmes.*

L'abbé Lagardère s'employait et s'usait à toutes ces tâches les plus diverses et, somme toute, les plus heureuses, loin peut-être de l'apostolat premier qu'avaient caressé ses rêves, mais fièrement debout dans toutes les mêlées qu'avait dû engager l'Eglise de France après les jours doulou-

reux de la séparation, quand le tocsin d'alarme appela à la guerre tous les soldats.

Votre chevalier, Mademoiselle, qui n'avait, toute sa vie, prêché que la mort à soi, se devait d'être aux premiers rangs des oblats à la patrie. Il partit aux batailles, du même cœur généreux et passionné qu'il avait tout fait.

Vous avez raconté avec l'humour et l'entrain qui les exprime le mieux, ses chevauchées souvent téméraires parmi les soldats, qui devenaient vite ses amis et presque ses enfants. Il avait le mot qui les captive et l'audace aventureuse qui leur plaît. Il partageait leurs dangers et les suivait jusqu'aux premières tranchées, faisant des prodiges de bravoure pour entretenir leur courage et leur assurer les secours de la Religion. Quand ils tombaient au champ d'honneur, il trouvait dans son cœur de patriote, les éloges qui paient le sacrifice des morts et enflamment les survivants.

Mais ses discours, pas plus à la guerre qu'au temps de la paix, n'admettaient la flatterie. Un jour qu'il parla d'expiations nécessaires, comme rançon de la victoire, il émut la presse et les pouvoirs publics qui lui envoyèrent un blâme retentissant. L'aumônier ne plia pas plus devant le devoir accompli qu'il n'avait fléchi devant le devoir à accomplir. Il était d'ailleurs si au-dessus de tout reproche qu'on ne put s'empêcher de lui décerner la croix avec la plus glorieuse citation. Elle ne l'éblouit pas, habitué dès longtemps à porter l'autre et à s'en revêtir.

Ses libertés apostoliques d'ailleurs étaient légendaires. Avec les officiers qui ne partageaient pas sa foi, il aimait à joûter gaiement d'idées et de propos. Jamais il n'en sortait vaincu. Presque toujours ses ripostes redoutées frappaient juste et droit. Souvent on lui rendait justice, en se convertissant, sans pourtant lui ménager les épreuves, qui demeurèrent à la guerre son pain quotidien.

C'en fut une cruelle pour lui que de quitter son régiment de cavalerie pour passer à l'infanterie. Il voyait peut-être une déchéance où ne l'attendaient que des occasions plus certaines d'avoir à souffrir et à se donner.

Mais entre temps, il ne pouvait s'empêcher de jeter un regard de sollicitude et d'espérance sur l'état d'après guerre. Et s'il avait fait vibrer toute son âme de prêtre-soldat dans ses Chansons d'épées d'un esprit lumineux et presque créateur, il entrevit dans un ouvrage de haute valeur la France-demain....

Pour avoir tant lutté et tant donné de lui-même l'abbé Lagardère aurait bien mérité, ce semble, de survivre à la victoire. Mais quelque chose d'achevé eût manqué à ce chevalier sans peur, s'il n'eût reçu sa récompense suprême dans la pourpre de son sang aux derniers combats. Il fut emporté comme un martyr de la patrie, après avoir été l'un des plus généreux apôtres du Christ en nos temps. Il demeure l'un des exemples et l'une des gloires du sacerdoce contemporain, éminent parmi beaucoup que la guerre et les luttes pour l'Église et pour la foi ont pourtant faits très grands.

Ayant sans doute beaucoup reçu de lui, Mademoiselle, au cours de son ministère, vous lui avez rendu le digne hommage qu'on attendait de quelqu'une des âmes qu'il avait conduites. Votre monument filial, pour n'être pas de pierre et d'airain, sera de ceux qui durent et qui perpétuent une splendide mémoire, parce qu'il est construit avec l'or de votre bon cœur.

Je suis heureux d'y avoir ajouté, en écrivant cette préface, un reflet qui pâlira sans doute, mais que j'ai copié aussi ressemblant que possible dans le souvenir vivant que j'ai gardé de cet homme, de ce prêtre, de ce soldat, de ce héros, qui m'honora lui-même, en passant, de quelques-unes de ses confidences et de sa respectueuse amitié.

JOSEPH-MARIE,
Evêque de Châlons.

Le 25 Septembre 1925, au 10ᵉ anniversaire de l'assaut de Champagne.

PREMIÈRE PARTIE

CHAPITRE PREMIER

Les heures matinales

Le pays natal — La famille — Le père et la mère —
La jeunesse — Les influences et les maîtres —
L'appel de Dieu.

Dans la plaine féconde de la basse Garonne,
sise entre les Pyrénées altières et la mer aventureuse, le village de Couthures ramasse sur la
rive gauche de la Garonne ses maisons basses :
deux cents feux groupés en forme de croix
autour du clocher qui les domine et veille sur
les tombes.

C'est ici le pays de Gascogne où les fermes se
coiffent d'un orme séculaire posé sur le côté de
la toiture, telle la plume souple qui couronnait
le feutre des conquistadours. Le souffle du
large, venu de loin, court en liberté à travers les
espaces démesurés, attisant la bravoure des

beaux chercheurs de gloire ; et toute la douceur des soirs traîne sur la Garonne argentée et dans les chemins creux, abrités de haies vertes, perdus dans l'opulente campagne.

Au demeurant, terre d'action et de rêve où la poésie ne fait pas tort à l'esprit de travail, mais au contraire lui apporte un secours, dépouillant les objets de leur masque et les montrant dans leur réalité, sous la claire lumière. La race mûrie dans cette atmosphère, sous le ciel d'or de l'Agenais, dans les courbes du fleuve majestueux et souple, est une des plus riches de France.

Le 7 décembre 1860, dans ce pays endormi par l'hiver, un enfant venait au monde, premier-né d'une vieille famille paysanne.

Le toit qui abritait le nouveau venu avait bien, disait-on, cent ans de dimanches. Des arbres le cachaient aux yeux indiscrets : le laurier y voisinait avec le grenadier qui recouvrait de son feuillage délicat les murs de l'humble maison, construite au milieu des terres bordées par l'ondoyante Garonne. De hauts talus de terre gazonnée, des « mattes », comme on en voit partout à travers le pays, entouraient la propriété et la préservaient des crues fréquentes du fleuve.

Entre les murs blanchis à la chaux de la métairie, on respirait cette atmosphère qui pare les plus humbles choses du reflet magnifique d'un long passé, et l'intérieur fleurait bon un parfum de simplicité qui n'excluait pas la recherche.

Dans cette antique demeure, on parlait la langue du pauvre aussi bien que celle du riche, selon les hôtes qui venaient s'y asseoir, et sur les grandes cheminées de pierre, Télémaque prenait place avec la Bible, à côté du Discours sur l'Histoire Universelle.

Tel fut le cadre où s'ouvrirent les yeux du petit enfant qui recevait de Dieu, ce jour d'hiver, le grand don de la vie.

Rien n'est indifférent à la formation d'un homme. Les origines marquent une vie de leur ineffaçable empreinte. L'enfant qui va s'épanouir dans la lumière éclatante de la Gascogne portera sur lui le reflet de son atmosphère héroïque ; penché sur l'eau courante où se miraient jadis les panaches des joyeux compagnons de La Hire, il y recueillera pieusement l'héritage de poésie et de bravoure laissé par les Gascons de Montluc et de Cyrano.

Tout jeune frère des héros de cape et d'épée, cadets ou aînés de Gascogne sortis des gaies maisons chaperonnées de verdure, le bambin, haussant sa petite taille, debout au milieu du cercle familial, s'écriait avec conviction : « Je serai un grand homme ! »

Il se préparait d'instinct à sa destinée, en jouant au prédicateur. Monté sur une chaise, il improvisait des discours qu'il débitait avec une verve enfantine.

On l'écoutait en souriant, avec un peu d'admiration secrète. Mais tous ces mots paraissaient vides de sens à qui les entendait.

Le petit, cependant, avait de qui tenir. Il était inscrit au registre paroissial sous les prénoms de Jean-Léon, fils de Pierre Lagardère et de Noélie Vigneau : vieux noms dont on retrouve la trace jusque dans le lointain passé. « Messire Blaise de Montluc, mareschal de France », cite en ses « Commentaires », parmi les blessés de l'affaire du moulin d'Auriol (1536), « un gentilhomme nommé Vignaux, lequel, dit-il, nous chargeâmes sur un âne, de ceux que nous avions trouvé dans le moulin[1]. »

Race de soldats, on le voit, habituée depuis longtemps à ne marchander ni son sang, ni sa peine : être distingué par un Montluc, c'est un certificat de bravoure.

Quant aux Lagardère, des découvertes faites, par hasard, à la Bibliothèque Nationale, donneraient à penser qu'ils pourraient bien avoir été anoblis dès avant cette époque ; et les « registres de la jurade de Casteljaloux », en l'an 1569, font mention d'un « Jehan de Lagardère, dit Sabats », membre lui aussi « des compagnies de M. de Montluc », qui ne devait être « admis en ville que sur une permission du roi ou de son lieutenant[2] ».

---

1. Page 116 du tome I : édition Paul Courteault, 1911.
2. Tome II de l'*Histoire de l'Agenois* par SAMAZEUILLE, p. 146.

Quelle incartade valut à cet ancêtre la mesure de rigueur ? Avait-il déjà la franchise de sa lignée ? S'arrogeait-il le droit de parler haut ?

Quoi qu'il en soit du passé, en 1860, les Lagardère s'avéraient paysans français de famille souche, ennoblie par cent quartiers de travail et de vertu. Jean-Léon pouvait puiser à pleines mains dans le trésor familial riche d'honneur et de courage.

Le chef actuel du foyer, Pierre Lagardère, marin revenu à la terre, était un de ces hommes de l'ancienne race qui incarnait l'autorité et portait le titre de père comme une royauté.

Énergique et intelligent, il aimait son métier et son travail par-dessus tout. Il s'y donnait tout entier et apportait à sa tâche un soin extrême, dans un grand souci de probité. Son fils se plaisait à rappeler plus tard que les sillons tracés par le père semblaient avoir été tirés au cordeau. Le premier à l'ouvrage, le dernier au repos, il consacrait à peine quelques heures de la nuit au sommeil. Son endurance étonnait ceux qui en étaient témoins. Sa force était proverbiale. Elle s'accompagnait d'une violence naturelle à pareil tempérament. Ce rude homme se laissait emporter parfois à des accès de colère qui faisaient tout trembler autour de lui. Il rachetait ce défaut par une tendresse de cœur qui savait être exquise et faire tout oublier.

Son énergie n'allait pas sans une pointe de

fantaisie. On cite de lui ce trait caractéristique. Comme il souffrait de rhumatismes, il eut recours à un remède étrange. Il obtint que le boulanger le plaçât dans son four après la cuisson du pain. Il espérait que la chaleur intense le guérirait. Le remède — est-il besoin de le dire — faillit être pire que le mal.

L'humble paysan avait une âme d'artiste. Il jouissait pleinement des plaisirs champêtres : l'épaisseur d'une toison, les bonnes senteurs de la terre, la légèreté de l'air, la mollesse de la lumière. Accordé à l'harmonie universelle, il goûtait d'instinct les beautés de la nature. Elle « lui parlait sans cesse de Dieu, dira son fils. Quand venaient les belles nuits d'été, il me conduisait le long des digues herbeuses qui sillonnent la campagne pour admirer la création et prier devant le ciel constellé d'étoiles. »

Le terrien affiné par des siècles de culture catholique, inspirait ainsi à l'enfant, dans la même leçon, l'idée de l'Infini et le goût de la beauté. Puis, de retour au foyer, il prenait sa Bible et lisait à voix haute quelque page de l'Évangile. « Je vois encore, ajoutait le fils aîné, de grosses larmes tomber de ses yeux sur nous : il pleurait en voyant tant d'amour dans le cœur d'un Dieu. »

Le petit garçon témoin de ces émotions profondes n'en oubliera rien : Elles trouveront un écho amplifié dans son cœur.

Héritier de l'âme et du tempérament

paternel, l'enfant aura la trempe vigoureuse de
Pierre Lagardère, sa riche nature faite d'étonnants contrastes et de rares harmonies, finalement fondus dans l'unité d'une haute et puissante originalité. Il aura sa force et sa tendresse, son intelligence prompte, sa loyauté, son sens religieux et esthétique inné, son esprit réalisateur et sa vive foi.

A la mère, il empruntera une sensibilité extrême que la foi et la raison gouverneront toujours sans l'étouffer jamais, et qui fera de lui un vivant crucifié, après avoir fait d'elle une secrète victime.

Noëlie Vigneau était une de ces délicates nature, admirablement organisée pour souffrir. De fait, la douleur ne lui fit pas défaut au foyer où l'amour de son mari la réconforta sans la consoler. Son cœur maternel fut traversé toute sa vie par des inquiétudes déchirantes et labouré par toutes les détresses... Qu'importe au reste, les causes du martyre silencieux de la noble femme ?

Par ailleurs, les soucis et le travail ne manquaient pas. Toute leur vie, les parents peinèrent pour assurer à leurs enfants un modeste patrimoine. L'aîné, en venant au monde, ne trouvait point la table mise. La fortune le préparait par ses rigueurs prématurées, à devenir le rude jouteur qu'il serait un jour. L'homme formé dans pareille atmosphère de labeur, de patience et d'énergie, n'aura point une âme anémiée. L'avenir pourra lui demander tous les forts et invincibles sentiments, son cœur les trouvera.

C'est qu'aussi il aura reçu de la mère douloureuse le secret des forces sans cesse renaissantes : chaque dimanche elle communiait et chaque fois, elle se relevait fortifiée et, reprenant sa croix, acceptait avec amour la volonté divine.

La piété était la première richesse de cette nature d'élite. La seconde était son affinité qui lui conférait au plus haut degré le don d'adaptation : merveilleuse faculté de l'amour qui se prête à toutes les suggestions de l'être aimé pour égaler son rêve et ne faire qu'un avec lui.

C'est ainsi que la mère se fera le disciple de son fils devenu prêtre, le suivant de loin dans sa vie sacerdotale, communiant à ses idées, partageant ses soucis et ses espoirs. Elle lisait et relisait, le soir, à la veillée, ses lettres ou ses articles, pendant de longues heures. Jamais âme ne s'identifia mieux à une autre âme.

Noëlie Lagardère y gagna une culture intellectuelle surprenante chez une paysanne. Par un admirable échange, le fils, à son tour, avait enfanté la mère à la vie de l'intelligence, après en avoir reçu lui-même la plus belle part de vie spirituelle.

Aussi comme ils s'aimaient ! Quand l'occasion se présentera plus tard pour le prédicateur de parler du rôle maternel, en quels termes émus il célèbrera « cette femme auguste qui n'a cessé d'écrire, dans l'âme blanche de son fils bien-aimé, les pages sublimes de son amour et de sa foi !... qui l'a gardé, en des dévouements dont les mères seules ont le secret, pur et croyant, fidèle aux pieuses traditions du foyer qui l'a vu naître, fidèle aux tendresses douloureuses de sa mère, fidèle à l'amitié contenue mais profonde de son vieux père, fidèle à cette poésie suave qu'exhale le sanctuaire du foyer domestique, qu'exhale plus encore le sanctuaire de ce temple où il fut fait chrétien, où il communia pour la première fois au Dieu de l'Eucharistie[1]. »

C'est tout le cœur filial qui frémit dans cette page.

L'abbé Lagardère retrouvait toujours la même émotion au souvenir des jours de son enfance. Le temps où les parents vénérés peinaient, confiants en la Providence lui restait cher.

« Quand la misère se faisait sentir, écrivait-il quelque jour... mon père lisait la divine leçon du lis des champs et du passereau qui ne sèment ni ne moissonnent et le calme rentrait aussitôt dans la demeure : on se sentait plus fort et tout le monde dormait en comptant sur la Providence.

« Moi seul, ajoute-t-il, restais auprès de ma mère qui travaillait encore : je lisais pour elle,

---

1. *Discours et panégyriques*, J. LAGARDÈRE.

jusqu'à une heure avancée de la nuit, et puis je m'endormais sur ses genoux... »

Touchante scène d'une existence d'humble héroïsme quotidien, baignée d'une atmosphère de foi et de tendresse ; vie harmonieuse qui va modeler l'âme de l'enfant son témoin et la tremper à la française, à l'instar de cette race des capitaines invincibles que l'épreuve n'abat jamais, qui sait être joyeuse et rester fière pourvu que l'honneur soit sauf, parce qu'elle n'estime que les valeurs morales et n'aime avec passion que les choses éternelles.

A dix ans, le jeune garçon révélait dans son extérieur une distinction surprenante. Ses manières, affinées d'instinct, attiraient l'attention : jusqu'à sa façon de nouer sa cravate, le mettait à part.

C'était encore un « petit sauvageon », mais un sauvageon « dont l'âme belle et aimante, comprenait et goûtait toutes choses[1]. »

Il partait pour les champs, ouvrant des yeux ravis sur les bêtes et les fleurs, sensible à toute la poésie du terroir. Ou bien, étendu sur le sol, à la bonne saison, il goûtait un repos délicieux, son imagination lui donnant à chaque minute,

---

1. Il n'est pas besoin de dire que toutes les citations mises entre guillemets dans cet ouvrage sans indication d'auteur, doivent être attribuées à l'abbé Lagardère. Nous avons pensé que le meilleur moyen de rendre fidèlement la physionomie de l'apôtre était de le traduire le plus possible par sa propre pensée, comme pour lui demander de se peindre lui-même.

l'attente du prochain plaisir que lui réservait
la vie rustique.

Mais c'est dans la vieille église du village
qu'il aimait le mieux à rêver, dans l'émerveil-
lement de la Présence cachée. Les chants sacrés
le transportaient. Les vêpres auxquelles il
prenait part, « blanc lévite de chœur », étaient
pour lui une source intarissable de pieuse émotion. L'*In exitu* évoquait à sa pensée, avec une
vivacité saisissante, les montagnes bondissant
comme les béliers de la ferme ou les fleuves
arrêtés et remontant vers leur source, tandis
qu'il écoutait les flots courroucés de la Garonne
battre les murs de sa petite église.

Chaque temps liturgique, avec ses fastes
propres, renouvelait la sève divine dans l'âme
enfantine.

C'était les cérémonies printanières de première communion avec leurs souvenirs inou-
bliables ; la Fête-Dieu avec ses jonchées fleuries,
ses processions où le père portait le dais, où
l'enfant tenait la croix. C'était la fête mariale
de l'Assomption qui inspirait au petit la dévo-
tion à la Mère du ciel. C'était la fête des Morts,
au cimetière, avec ses visions brèves et formidables d'éternité ; la Noël avec sa crèche, ses
bergers, ses moutons, ses chiens familiers. C'était
l'Épiphanie et le cortège des rois Mages ; les
Rameaux fleuris et les Pâques triomphantes...

La poésie du foyer s'unit à cette poésie
religieuse. La lecture de l'Écriture Sainte auprès

de l'âtre, complète l'enseignement du catéchisme. L'esprit de l'enfant se nourrit des récits
bibliques. Les pieux commentaires des saints
livres imprègnent sa pensée de la moelle du
christianisme. Les larmes du père pleurant sur
l'Évangile d'amour, apprennent à son cœur la
divine charité.

Tout fait impression sur la sensibilité en
éveil du petit garçon. L'hiver, aux soirs de gel
ou de neige, quand les ormes dépouillés se
pressent frileusement contre les toits qui fument,
il savoure la douceur des longues veillées où
famille et amis se chauffent à la flamme devant
le tronc qui brûle dans la vaste cheminée : les
femmes filent, les hommes tournent la roue et
l'enfant regarde grossir la pelote de fil roux qui
tissera la toile du foyer, en songeant dans la
tiède atmosphère paisible.

Les dimanches d'été, l'armoire de famille
s'ouvrait : la mère en tirait les habits sans
tache, la chemise à col haut, la cravate et le
béret du chef et des petits. Puis, tous s'en
allaient, éclatants de santé et de propreté, la
boutonnière fleurie, sur les chemins bordés
d'acacias aux grappes parfumées.

Quand venait le carême, la mère partait avec
un de ses « *drolles* » au sermon du soir. Elle
écoutait religieusement, puis elle rentrait pour
refaire le sermon à toute la lignée : saintes
leçons qui formaient des consciences probes et
des cœurs droits.

Ainsi tout conspirait autour du petit Léon — sa mère l'appelait ainsi les premières années : Jean ne prévalut que plus tard — pour lui inculquer les grandes pensées qui préparent les grandes vies.

En ce temps-là, l'influence de l'école n'était pas pour contrarier celle de l'Église. L'enfant suivait les cours de l'instituteur communal, maître incomparable et respecté.

C'était le type du vrai régent du passé, dévoué et sage. Il avait instruit le père et la mère; il instruisait aujourd'hui le fils. Sa place était marquée au foyer. Il s'y plaisait à conter l'histoire de l'aïeul maternel qu'il avait aimé : un homme légendaire, taillé pour porter armure, ancien soldat des gardes-françaises, « le roi du pays » disait le magister. Il croyait voir revivre cet ancêtre, dans le petit-fils grandissant et l'on peut imaginer les rêves que son orgueil quasi-paternel faisait reposer sur la tête brune de son jeune élève.

Celui-ci recevait encore les leçons belliqueuses d'un autre maître : un grognard de Napoléon — le vieux Baylet — dont les récits tenaient son âme haletante. Avec quelle ardente curiosité les yeux de l'enfant cherchaient dans les yeux qui avaient vu « le maître des batailles », le reflet des gloires impériales !

Hélas ! Au lieu des victorieux *Te Deum*, ses dix ans entendirent le glas des désastres de la Patrie qui retentissait douloureusement en son cœur. « Il s'en allait à travers plaines et vallons de sa terre natale, chantant de sa voix la plus dolente et la plus martiale les strophes d'une marche guerrière... L'enfant dont la guerre rougissait les yeux en y mettant des larmes[1] », vibrait aux récits héroïques et plus d'une fois il dut hausser sa petite taille désespérément pour la grandir à mesure d'homme, rêvant de prendre l'épée pour sauver l'honneur.

Mais il portait dans ses mains un autre destin et ce n'est point la carrière des armes qu'il choisira, l'heure venue. Qui peut dire pourtant que les espoirs de son vieux maître seront trompés à ce coup ? Les voies de Dieu sont admirables : en prenant la route du séminaire, le lévite s'acheminera vers le champ de bataille et un jour il achèvera toute sa destinée sous la robe du prêtre-soldat.

A l'époque de la prime jeunesse, le descendant du beau garde-française ne songeait pas au sacerdoce. Intelligence prompte et ouverte, imagination vive, nature violente et droite, cœur sensible et vibrant, aimé de tous et fêté partout, il était le boute-en-train des réunions du village. Il s'en donnait à cœur-joie et se laissait aller à toute la fougue de son âge et de son tempérament. Bien souvent il fut besoin de la forte autorité paternelle pour rappeler à la raison l'enfant impétueux, bouillonnant de vie,

---

1. *Discours et panégyriques.*

qui portait dans les veines tout le tumulte de la Garonne.

Le prêtre alors chargé de la paroisse était un brave et saint homme, foncièrement bon, ami intime de la famille Lagardère à laquelle il témoignait une grande bienveillance. Il montrait beaucoup d'indulgence pour la turbulence de son petit paroissien. A travers cette exubérance, il apercevait les indices révélateurs d'une vocation pour tout autre invisible. Son cœur sacerdotal pressentait dans ces ardeurs des sources vives capables d'alimenter un incomparable dévouement apostolique.

Aussi accueillait-il le petit au presbytère à bras ouverts : il encourageait sa piété, souriait à ses enthousiasmes religieux, orientait doucement ses élans juvéniles et attendait l'heure de Dieu, sachant bien qu'une âme, de la qualité de cette âme enfantine, attirée par tout sentiment noble, aimantée vers toute idée généreuse, instinctivement rebelle à toute laideur, est marquée pour les tâches héroïques et les renoncements sublimes.

Celle-ci n'était pas mûre pour les révélations surnaturelles. Mais, attendez un peu : bientôt, comme le fruit surgit de la fleur, la personnalité jaillira, gonflée de promesses, sous la poussée de la sève intérieure. Et le même jour, le jeune homme choisira sa voie — la plus droite, la plus austère, la plus noble — et s'y élancera d'un bond pour ne jamais plus revenir en arrière.

Jean venait d'atteindre ses quatorze ans. C'était l'adolescence, l'âge inquiet et malsain où, dans l'être indistinct fermentent les troubles énergies, forces rebelles prêtes à tout dévaster avant d'être disciplinées et gouvernées par la raison dans l'homme.

Un matin qu'il errait au hasard dans la campagne où les ormes frémissaient sous la caresse du vent, la soudaine révélation du mal montant des profondeurs obscures de l'être, mit sa brûlure nouvelle au front du fier adolescent. Ce fut comme une révolution dans l'âme bouleversée. En un éclair, le jeune garçon vit la force du mal ; il comprit les dangers d'une nature ardente au milieu d'un monde ligué contre les purs, et il connut que, seul, l'amour du Christ pouvait le garder efficacement des abîmes qu'il pressentait et qui révoltaient son cœur.

Un grand silence se fit en lui, le silence embrasé qui précède les souveraines révélations intérieures et il entendit une voix intime qui disait : « Si tu ne te fais prêtre, tu seras perdu. »

Aussitôt, dans un sursaut de révolte contre la loi du péché et dans un grand élan d'amour pour la pureté royale, le noble enfant choisit le Dieu trois fois saint pour partage et se promit à lui.

Il était de ceux dont il parlait un jour, devenu prêtre, « qui savent, presque dès le berceau, tout au moins à la fleur de leur jeunesse, ce qu'ils portent en eux de grandeur native et qui ont

vis-à-vis de Dieu et d'eux-mêmes, l'âpre besoin
d'être tout ce qu'ils peuvent et doivent être :
ceux-là sont les fiers qui aiment vouloir, les
tourmentés d'infini qui aiment savoir ; passe
sur eux un jour ou l'autre le vent de misère
qu'aucun mortel n'ignore, que même il fasse
courber leur tête un instant, qu'importe ?
Parce que malgré tout ils gardent vivante en
eux la clarté divine », ils se relèvent aussitôt et
« ils se remettent en quête de vertu et d'honneur ». « Ce jeune homme, cet enfant du Christ
se sait une destinée divine et pour la conquérir »
il ne refuse aucun combat. « Bien avant d'avoir
vingt ans, c'est un soldat[1]. »

Toute sa vie, à dater de ce jour de sa vocation,
Jean Lagardère sera ce soldat. C'est, excellem-
ment, sa voie propre. Soldat du Christ, avec
saint Paul, il mènera sa vie comme une « milice »,
il aimera par-dessus tout la lutte, l'effort, le
labeur, la privation, la souffrance : sa foi sera
un prosélytisme ardent, sa vertu une conquête
de toutes les heures. Aux époques les plus rudes
de sa rude vie, sur tous les champs de bataille
où le portera son destin, il goûtera la mâle
joie de se battre — fût-ce contre lui-même — et
de marquer des victoires pour le Roi du ciel.

Pour l'instant, faut-il rappeler l'obstacle
redoutable au jugement de sa naïveté enfantine,
qui lui paraissait s'opposer à son désir ? Il

1. *Discours et panégyriques*, Jean LAGARDÈRE.

croyait l'art calligraphique indispensable à celui qui aspirait aux ordres et il se répétait avec inquiétude : « Je ne sais pas la ronde ! »

Le vénérable curé auquel il s'ouvrit de cette crainte, sourit, le rassura et lui affirma qu'au surplus, depuis longtemps, avec ou sans « la ronde », il l'attendait.

Pierre Lagardère accueillit fièrement le nouveau sacrifice qui lui était demandé dans la personne du fils aîné en qui il se complaisait en secret. La mère versa quelques larmes cachées sur l'enfant de prédilection que le Maître des moissons retirait de leur champ pour l'attacher à sa vigne. Mais l'appel de Dieu pour ces chrétiens était un ordre et un ordre qui les honorait profondément. Ils ne songeaient pas aux privations que leur demanderait l'éducation du séminariste : Dieu avait parlé, ils lui obéissaient avec un amour reconnaissant, heureux d'être appelés à offrir au Christ un prêtre sorti de leur sang !

Jean entreprit aussitôt l'étude du latin, tout en rêvant aux grands devoirs de l'avenir apostolique. Prime veillée d'armes durant laquelle le cœur du jeune homme acheva de s'éprendre pour jamais du Maître divin qu'il avait élu et des âmes précieuses qu'il voulait sauver.

Ces jours de divines fiançailles lui laisseront une impression ineffaçable. Avançant dans la vie, plus que jamais passionné du Christ, plus que jamais épris des âmes, il se souviendra des

« heures tristes et douces où, adolescent, il se faisait une solitude pour écouter le soir, à travers le murmure plaintif des feuilles qui tombaient en automne et du vent qui pleurait, la grande voix des âmes » pour lesquelles il serait prêtre un jour. « Il me semblait, dira-t-il, que ces âmes pleuraient et souffraient comme ma mère et il me tardait de grandir pour les consoler et pleurer avec elles. »

CHAPITRE II

Le sacerdoce

*Le séminaire — L'ordination — Saint-Caprais :
le professorat — L'éducateur — En vacances —
A Saintes.*

———

Au mois d'octobre suivant, Jean Lagardère
entrait au séminaire d'Agen.

Il apporta à l'étude l'ardeur qu'il apportait
à tout et rattrapa vite le temps perdu durant
les deux années précédentes où il ne fréquentait
plus guère l'école du village.

Intelligent et travailleur, il se plaça aux
premiers rangs de sa classe. Mais encore fallait-
il compter avec la sensibilité extrême qu'il
portait en lui, si nous l'en croyons, « malgré
lui-même », sensibilité qui était une conséquence
de sa nature nerveuse, un legs aussi de la race
affinée et ancienne.

Il avait besoin, pour bien faire, d'être soutenu
et encouragé.

Si nulle affection n'ensoleille sa route, le
jeune pèlerin s'assied sur le bord du chemin,

sans courage. Il n'est bon élève que lorsqu'un sourire ami l'a réconforté : alors il passe de la dernière place à la première. « C'est ainsi qu'en seconde j'ai fait beaucoup et peu en rhétorique, avouait-il. J'ai été premier trois mois durant et vingtième les six autres mois : on m'avait bousculé et c'était fini. »

Le supérieur du Séminaire dont « l'œil de Jupiter le terrifiait », au dire d'un condisciple, avait pour cet élève impressionnable une grande affection ; mais elle se dissimulait sous des dehors sévères, au grand dommage des résultats.

La bonté simple et prenante d'autres professeurs tel le P. Terrade réussissait mieux auprès du jeune homme. Exubérant, il avait besoin d'expansion ; généreux, il répondait à la mansuétude par une bonne volonté plus grande. Au surplus, l'admiration justifiant ses affections, elles devenaient vivifiantes et, se déployant librement, exaltaient ses jeunes énergies comme le vent gonfle la voile.

Jean passa son baccalauréat avec succès à Bordeaux et travailla de plus belle.

Le temps du sous-diaconat approchait.

A la veille de prendre sur lui le fardeau sacré, avec une nature débordante de vie jointe à une rare délicatesse de sentiment et à une vive conscience du devoir, le jeune homme devait avoir — et il eut — les hésitations naturelles à l'homme qui va faire le sacrifice de tout bonheur humain : « J'ai à peine entrevu la vie, je me jetais vers elle avec la nature la plus expansive et la plus exubérante qui fut jamais et voilà que Dieu se présente au premier pas que je fais pour me dire : tu n'en jouiras pas, tu ne peux en jouir… cherche au-dessus de ces biens[1]… »

A cet âge ardent de la vie où la jeunesse s'enchante à la chanson des vingt ans, d'autant plus ardemment que le cœur est plus pur, où tout l'infini du rêve tient dans chaque instant du jour, comment ne pas douter de soi et ne pas s'arrêter anxieux devant l'âpre montée qu'on s'apprête à gravir ?

Le Père F. son directeur, connaissait mieux le jeune séminariste qu'il ne se connaissait lui-même. Il le savait de taille à se mesurer avec le sacrifice en athlète du Christ : il le poussa en avant.

Confiant en cet homme qui l'avait en très grande affection et pour qui lui-même éprouvait « une vraie passion », le jeune homme n'hésita plus et marcha délibérément vers le sacerdoce.

Le 1er mai 1884, se préparant à nouer avec Dieu les liens éternels, il écrit au père et à la mère qui formèrent si noblement son âme : « Le 7 juin, j'aurai le bonheur de mourir pour toujours au monde, afin de vivre pour toujours à Jésus-Christ. Il me semble que ce sera le plus beau jour de ma vie : il y a quelque chose de

1. Lettre de Rome.

grand dans le sacrifice de sa jeunesse, de son
cœur, de son corps, de son âme. Oh ! que je
voudrais déjà être étendu sur les dalles du
sanctuaire pour dire au Christ : « ...Voici mon
cœur, mon sang, ma vie... désormais je ne
m'appartiens plus ; vous me tiendrez lieu de
tout... Dieu seul, Dieu seul, voilà mon bonheur,
ma vie, mon rêve ; aux autres les plaisirs et
les joies d'un monde qui passe ; à moi les croix,
la douleur, les larmes, la souffrance, les âmes ;
mon être tout entier se consume pour Jésus et
pour les âmes... »

« Je tremble, ajoute-t-il, à la seule pensée
que je suis indigne de l'honneur auquel Dieu
m'appelle... Mais il a coutume de se servir des
plus vils instruments pour les plus grandes
choses ; ce qu'il y a de plus infime et de plus
misérable, il l'attire vers Lui : *de stercore erigens
pauperem*... J'ai peur de moi-même, mais j'ai
confiance en Dieu. »

C'en est fait : Jean appartient à Dieu. Fidèle
à l'idéal de ses quatorze ans, il brisera désormais
les élans de son exubérante nature ; ou plutôt
il va les transformer et cherchant son bien au-
dessus de tous les biens, tourner toutes ses puissances vers Dieu et donner sans compter à
celui qui ne se laisse jamais vaincre en générosité
et qui répondra par des grâces de choix.

Le 5 juin 1887, l'abbé Lagardère est ordonné
prêtre pour l'éternité.

Les divines émotions de ce jour, ainsi que

les transports sacrés de la première messe,
restent un secret entre Dieu et son ministre.
Il y a pour la créature des heures surhumaines
dont le silence peut seul envelopper la merveilleuse joie...

Nous ne savons pas beaucoup plus sur les
premiers jours qui suivirent l'ordination, mais
on peut croire qu'ils furent tout embrasés du
feu angélique : cette âme sacerdotale, du premier au dernier jour, fut identique à elle-même
et se développa dans une magnifique unité.

Avant même qu'il ait reçu l'onction sacerdotale, l'autorité diocésaine avait remarqué les
sérieuses qualités de l'abbé Lagardère et l'avait
nommé professeur au collège Saint-Caprais,
d'Agen, où il menait de front l'enseignement
et l'étude.

Il était chargé des mathématiques — une
branche pour laquelle n'était certes point fait
son esprit littéraire et dans laquelle il n'excellait
pas. Mais il s'y employa si consciencieusement,
s'obligeant à une préparation des cours d'autant
plus approfondie que la matière était plus
ardue ; il y mit tant de volonté, qu'il obtint
d'excellents résultats dans ses classes et que
ses supérieurs songèrent à lui faire poursuivre
des études scientifiques à Toulouse.

Ce projet ne lui souriait guère. Il avait un
« immense désir d'apprendre », mais dans un
autre domaine. « Si la volonté de Dieu est que
je devienne mathématicien, disait-il, il faudra

bien obéir, mais comme cela m'attire peu ! »

C'était Rome qui l'attirait, c'était les études religieuses : les seules qui donnent quelque fondement aux connaissances humaines. Puisque on songeait à le munir de parchemins, pourquoi ne l'enverrait-on pas à Rome pour y prendre ses grades de licencié et docteur en philosophie et théologie ? Il s'en ouvre à son confesseur et, sur son ordre, aux vicaires généraux, qui, loin d'y contredire, le poussent à persévérer dans ce dessein. Puis, il s'en remet à la Providence et « fourbit ses armes » pour la lutte présente.

Incliné sur la petite table de sa chambre du collège, le jeune professeur lit, écrit, médite. Les lacunes de sa formation première l'obligent à reprendre l'édifice intellectuel par la base pour en assurer la solidité. Son esprit lui paraît être comme une « forêt-vierge où il n'y a ni ordre, ni système, ni principes ». Exagération, mais exagération qui, chez le studieux jeune homme prépare le jour où l'esprit, travaillé par un effort continu, enfantera les idées fécondes, mères des œuvres bien vivantes.

Déjà ce travailleur se révèle éducateur. Il possède assez de vertus pour enseigner dignement : la justice mère de l'impartialité, la patience et la douceur envers les âmes « qui supportent sans colère les défauts, les ingratitudes, les fautes de nos disciples, la fermeté qui maintient la règle adoptée, la pureté qui bannit du langage des paroles susceptibles d'éveiller, d'encourager, de flatter les mauvais instincts, l'affabilité qui ouvre les esprits et les cœurs, la loyauté qui commande l'estime[1] ». Avec cela, tout l'enthousiasme aimé de la jeunesse et tout le dévouement requis du maître.

Très vite les enfants s'attachèrent au sympathique professeur qui comprenait tout, devinait plus encore ; qui avait pour eux de viriles sévérités, mais aussi de délicates tendresses ; qui était intransigeant sur le chapitre du mal, mais d'une indulgence souriante pour les fautes puériles qui n'entachent pas le fond de l'âme et ne sont que peccadilles.

Il apportait le meilleur de son zèle éclairé à la formation des consciences dont il avait la charge, accueillant les jeunes gens avec une bonté maternelle, relevant les cœurs, éclairant les intelligences, fortifiant les volontés affaiblies par les misères de la vie. Et quand il avait cicatrisé quelque plaie morale, il se fondait en joie reconnaissante au pied de son crucifix. « Je viens de confesser des jeunes gens pendant deux heures, écrit-il à cette époque. Que de larmes furtives j'ai senti couler sur mes joues ! Pauvres enfants. J'avais pour eux plus que de l'affection, c'était une sainte passion ! »

L'influence du confesseur se prolonge au delà du collège. Si quelque ancien élève revient

---

1. R. P. Janvier.

chercher secours dans les orages de la jeunesse, il retrouve chaque fois la même bonté énergique, et chaque fois il éveille la même émotion sacerdotale.

« Pauvres jeunes gens ! s'écrie le prêtre dévoué, comme il faut les aimer ! Ils passent fiers et impassibles : vous placez votre main sur leur cœur et vous sentez des battements qui révèlent de violentes et mauvaises douleurs. Ils s'appuient alors un instant contre vous et ils se retrouvent plus forts... Ces retours, ajoutait-il, illuminent ma vie en l'agrandissant, ils décuplent mes forces et mon dévouement. »

Toute sa vie, l'abbé Lagardère restera un ami des jeunes. Plus tard, à Besançon, il s'entourera d'étudiants et fera de sa maison mieux qu'une pension de famille, un centre de vie où il exerça encore la fonction par excellence de son sacerdoce : parler et enseigner.

A Saint-Caprais, il ne borne pas son action spirituelle au confessionnal. A la récréation, il s'approche des enfants auxquels il peut donner un bon conseil. Il s'enquiert de tout ce qui concerne ses élèves, il « les encourage, les console et les aime ».

Sa classe « est un petit état où Dieu est roi », où le maître gouverne plus par l'affection que par la crainte.

Le nombre des élèves est-il restreint ? le professeur n'apporte pas pour cela moins d'application à sa tâche. « Quand je n'ai, dit-il, que six ou dix sujets et que je suis tenté de me plaindre, je vois en eux dix familles qui se forment, qui sont là en herbe et qui se christianisent... et je parle comme si j'avais six cents auditeurs. Je me replie alors sur moi pour rassembler toutes mes forces, toutes mes connaissances et j'enseigne avec tout mon cœur, même si je n'écris que des chiffres, persuadé que le nombre c'est l'ordre, que l'ordre c'est l'harmonie et que l'harmonie est la langue des élus, des anges et de Dieu. »

C'est, on l'entend bien, qu'il voit plus loin et plus haut que la science. Les petits Français lui apparaissent déjà « comme le trésor d'humanité qu'on ne doit toucher qu'avec des mains très pures, qu'il faut préparer avec infiniment de soin, élever avec infiniment de respect pour ses hautes destinées[1] ». Pénétré de la grandeur de la tâche des éducateurs chrétiens, il sait que tout l'avenir en dépend. Il faut pour régénérer la France que la jeunesse catholique donne partout l'exemple du mérite personnel et du désintéressement. Il faut qu'elle soit élevée dans le mépris de l'intérêt et des facilités, dans le culte du devoir et de l'honneur.

Pour former des âmes capables de cet effort, le maître se prodigue sans arrêt. C'est sa manière: il veut persuader ses élèves aussi bien par l'esprit que par le cœur, sachant que la jeunesse

1. *France Demain.*

« garde toujours un secret instinct pour tout
ce qui est générosité et sacrifice, et que sa sympathie est acquise d'avance à qui s'oublie soi-
même pour servir autrui. »

Le modèle de l'éducateur, il le trouve dans la
mère, prêtre du foyer. Il veut que « l'éducateur
ait de la mère la vigilance, la sollicitude, la
compassion si le mot était juste, enfin le dévouement et le goût du sacrifice » pour allumer.dans
les petits cœurs neufs, l'étincelle

Qui sera flamme un jour.

C'est à Rome, où l'enverront bientôt ses
supérieurs, que l'abbé Lagardère écrira ces mots
dans une pièce de vers exquise consacrée à
l'enfance, au premier jour d'une retraite tout
orientée vers la tâche qu'il vient de quitter, mais
qu'il espère reprendre un jour, plus instruit et
meilleur.

Quels « trésors de sainte affection » il se promet de prodiguer alors aux enfants ; quelle
vigilance sera la sienne ! « Je serai le chien
parlant du bon Dieu, dit-il, et je ferai bonne
garde autour des âmes. Je veux les imprégner
de principes surnaturels. »

Que faire pour cela ? Cultiver la raison com-
mençante, répond-il, et donner moins de place
à l'imagination qui fait vivre l'enfant dans une
région peuplée de chimères et de songes creux.
Viennent les orages de l'âge, les rêves tombent,
la connaissance du mal chasse les illusions et

la foi qui ne résidait que dans l'imagination disparaît avec elles. C'est ainsi que les jeunes gens se perdent, faute de vrais principes. La morale repose sur le dogme. Elle est aussi basée sur les besoins profonds du cœur. Et pour faire des vertueux, il ne suffit pas de dire : le péché est un mal ; il faut montrer que l'accomplissement du devoir donne droit à un bien ineffable. L'Église catholique voilée sous les nuages de la morale austère, apparaît à l'enfant « comme un hibou rechigné ; faisons d'elle par le dogme, et l'apologétique, un aigle royal ».

Ces idées et d'autres encore se pressent dans la tête du jeune prêtre à Santa Chiara comme à Saint-Caprais. Ici dans l'exercice de sa charge, le professeur forme vingt projets pour le succès du collège et pour la persévérance des élèves.

Il veut à tout prix faire l'œuvre de Dieu dans les âmes et ne recule devant aucune peine, ne craignant pas de doubler ses classes au besoin : le magistère est un sacerdoce, dit-il, et non pas un métier.

« Il est jeune ! » pensent avec mélancolie les vieux professeurs blanchis sous le harnais... Mais lui qui déborde de vie et de zèle, nourrit ses grands espoirs de ses ardeurs conquérantes et se dépense avec enthousiasme.

Entre deux classes, il songe à s'approvisionner pour les besoins des âmes et travaille infatigablement avec les professeurs du grand séminaire, voire avec ses confrères, butinant son miel jusque dans les conversations. Il se plaît d'ailleurs infiniment à ces commerces intellectuels, à « ces heures lumineuses où tout est intelligence ».

Pourquoi le souci des choses matérielles vient-il se mettre en travers du spirituel ? L'abbé s'en plaint avec humour : « Si dans ce pays on mangeait moins de soupe, il serait possible d'acheter des revues... mais partout la matière tend à prendre des proportions énormes ». En manière de protestation, il dîne certain jour « en trois minutes et demie » et fait à l'économe qui murmure le mot de « ridicule » une « jolie leçon qu'il n'oubliera jamais plus »... — mais qui sans doute, heureusement pour ses pensionnaires, ne le convertit pas...

Le sermonneur, en tout cas, était sincère. Il ne s'accordait pour lui-même, ni douceurs ni repos. La musique dont il était chargé à la messe quotidienne, était la seule détente de sa journée. Pour le reste, il exagérait l'austérité du règlement et se refusait à toute vaine distraction. Si le vénérable recteur du collège l'entraîne avec lui quelque soir « dans le monde », il en revient « de fort mauvaise humeur, sans avoir trouvé à dépenser dix mots utiles », mécontent des autres et de lui-même.

Les vacances qui ramènent l'abbé Lagardère au foyer sont à peine reposantes. C'est grande joie cependant que le retour sous le toit familial où les épreuves continuelles ne font que resserrer l'union.

Le père et la mère ont ajouté à l'affection qu'ils gardent à leur fils prêtre une nuance de tendre respect : « l'abbé » est consulté et écouté avec une touchante vénération. L'autorité paternelle n'en reste pas moins entière. Si Pierre Lagardère, l'austère paysan épris des choses éternelles, entrant dans la chambre de son fils, le trouve un jour fumant une cigarette, il lui dira dans son chrétien langage : « mon ami, ce n'est pas de ta robe... »

La mère ne connaît point ces sévérités. Elle s'agenouille devant son enfant dont elle fait son Juge dans le sacrement de pénitence et le prêtre entend avec une indicible émotion les lèvres de la sainte femme murmurer sous sa main bénissante : « Mon Père !... »

Après avoir relevé et consolé la mère bien-aimée à laquelle il « apprend à porter ses douleurs », il guide la sœur plus jeune que lui de quelques années. Il élève cette âme encore fruste, il l'initie aux grands et nobles devoirs, dut-il créer en elle des aspirations et des besoins nouveaux : « c'est si naturel d'élever les âmes, de les faire monter... » pour ce cœur d'apôtre dont chaque pulsation est une aspiration vers la charité infinie. Il le sent si bien qu'il ajoute aussitôt : « Et puis, il faut à mon cœur un champ d'action, il lui faut de quoi se dépenser, sans cela il étoufferait. »

Poussé par ce besoin de dévouement presque instinctif à sa nature généreuse, il saisit avec joie toutes les occasions d'apostolat qui s'offrent à lui. Il fait office de curé quelques jours dans la chère petite patrie, où il annonce la parole de Dieu au peuple qui l'a vu naître et grandir. A Puch, résidence de son ancien pasteur, il prêche une retraite où il donne la moelle de son esprit et de son cœur. Il sent à cette occasion pour la première fois « que la parole est une véritable puissance au service de l'apôtre ». Il ne l'oubliera plus et mettra tous ses efforts à perfectionner l'outil par excellence de la grâce divine.

Pour la première fois aussi, il connaît après les succès, les dénigrements humains : c'est l'apprentissage de la contradiction. Il n'en est pas ému. « Depuis Jésus-Christ, s'est-il trouvé un seul maître de la vérité qui ait échappé aux Pharisiens ? » Le prédicateur qui commence à Puch sa carrière leur échappera moins que tout autre, étant plus que tout autre clairvoyant, agissant et sincère, ce qui veut dire ennemi de l'embourgeoisement, de la vie ouatée et tranquille, en un mot gêneur et trouble-fête. Il ira quand même, parlant et enseignant, dédaignant les colères, oubliant les haines et ne s'arrêtant jamais pour panser les blessures de sa sensibilité.

Il quitte Puch en compagnie d'un ami, l'abbé R., pour aller à Saintes, au Carmel, où l'attirent de surnaturelles affections.

Ici se place une rencontre qui devait, dans le plan providentiel, doucement préparer l'avenir.

En ce mois de septembre 1888, le Carmel de Saintes recevait aussi la visite de l'évêque du Puy, Mgr Fulbert Petit. Les deux Agenais devaient avant leur départ, assister à la messe de l'évêque. La prieure voulait davantage. Elle supplia l'abbé Lagardère de rester pour connaître le prélat et bénéficier de la coïncidence. Moitié condescendance, moitié curiosité, il resta ; il vit l'évêque, l'accompagna chez les Sœurs de la Providence et finalement le quitta emportant une bénédiction. Il garda de cette entrevue l'impression d'un homme austère, simple, doux et bon. C'est tout. Et c'est insignifiant en apparence. Dans les voies divines, c'est le jalon qui marque la route.

Le futur secrétaire de l'évêque du Puy ne s'en doute pas. Il rentre simplement achever les vacances à Couthures, dans la chère atmosphère de la famille, ne songeant qu'à rendre « en joie, en soleil », l'affection qu'il reçoit et cherchant à faire tout autour de lui, le plus de bien possible.

Il se retrempe dans le charme et la douceur du pays natal ; c'est un marchepied d'où il s'élance pour atteindre les cieux.

La terre l'associe à ses mélancolies comme à ses splendeurs : « cette immense nature qui m'entoure, dit-il, ces grands arbres qui déjà se dépouillent sous le grand soleil qui dore leurs feuilles, tout cela fait sur mon âme un effet de vaste cimetière et je vais prolongeant mes heures dans la solitude, contant mon histoire à toutes les feuilles mortes qui se détachent... Que de choses je n'ai jamais dites à personne parce que je ne trouve pas de mots pour les rendre et que je dis à ces ombres qui pour moi revêtent un corps. Je jette en courant sur des pages immatérielles des choses qui n'ont été dites qu'à moi-même ».

Mais l'action prend vite le pas sur le rêve, chez lui, ou plutôt le rêve engendre l'action, les aspirations de l'âme ne sont point vagues et rebondissent aussitôt dans les réalités généreuses.

Tandis que son imagination s'enchante à la poésie du moment, le cœur du prêtre retourne par avance à Saint-Caprais : il se trace tout un nouveau programme de travail apostolique.

Or, voici qu'on lui propose un poste de vicaire à Agen. Va-t-il abandonner le ministère de la jeunesse qui lui est si cher ? Ce serait une grande peine : « Mes chers enfants, mes congréganistes, mes petits élèves, mes petits pénitents, mes jeunes gens ! J'ai mal au cœur quand je pense qu'un mot de mes supérieurs peut me forcer à les abandonner. Je me trouve tellement fait pour eux qu'il me semble rêver quand je parle de les quitter. L'amour-propre me dirait d'aller à la cathédrale faire un peu de bruit, entrer dans le mouvement, sortir de l'ombre, mais le cœur, mais le devoir me disent de rester. »

Il reste, l'ordre de mutation ne venant point et lui, docile à l'orientation divine, ayant déjà pour principe « de laisser faire la Providence et de ne pas lui forcer la main ». Et il se retrouve avec joie à son poste d'éducateur, brûlant de se dépenser pour ces petits qu'il aime.

Le professeur de Saint-Caprais reprend sa tâche. Pour combien de temps ? Il l'ignore. On parle toujours de Rome et il est soumis d'avance aux décisions de l'autorité ecclésiastique : quoi qu'on attende de lui, il est prêt à répondre : présent.

CHAPITRE III

Santa Chiara

*En route pour Rome — L'élève du Séminaire Fran-
çais — Les amis et les amitiés. — Désirs apostoliques — Miettes d'apostolat.*

L'idée émise un jour par le studieux professeur de Saint-Caprais a fait son chemin. Le
départ pour Rome est décidé : il a lieu au début
de l'année 1889.

L'abbé Lagardère ne quitte pas sans regrets
les rives de la Garonne. Rome fait battre son
cœur de désir et d'espérance, mais les choses et
les êtres qu'il laisse derrière lui le font battre
plus fort encore et c'est avec une âme dolente
qu'il part pour l'Italie.

Triste voyage à travers un pays inondé.
« C'est le soir, lisons-nous dans le carnet de
route, pas une étoile au ciel. Un vent glacial
vous fouette le visage... Nous marchons lour-
dement. La machine dépense des forces doubles
pour refouler les eaux qui couvrent la voie...

Tout pleure ! Oh ! que je verrais un visage ami avec joie !... »

A Marseille, le voyageur fait halte chez les Bénédictins. C'est le 1er janvier. Compagnon de passage et frère de désir, il chante avec les moines l'office de la Circoncision, et ressent « des envies folles de rester là, de fermer à jamais la porte sur lui » ; il cherche la place où reposerait son corps au dernier jour, dans la terre bénite de la pieuse retraite.

Aurait-il donc la vocation monastique ? Le Père abbé mis en la confidence, n'encourage pas ses aspirations : Dieu le réserve pour d'autres travaux. L'abbé Lagardère reprend sa route vers Rome, emportant le regret des cloîtres silencieux.

A mesure qu'il avance, la nostalgie l'étreint plus fort. La première cloche qu'il entend sous le ciel étranger tinte à ses oreilles comme un glas. Le soleil de Pise lui rappelle le soleil de Gascogne qu'il bravait avec ses « chers enfants de Saint-Caprais ». « Oh ! mes amis de France, soupire-t-il, ô ma famille... Ma langue ! ma langue ! ma patrie !... »

Mais voici le port d'attache, voici Rome ! L'âme en peine qui aborde au hâvre de Pierre, retrouve en touchant le sol sacré des énergies neuves. L'heure des gémissements est passée : Rome pour le chrétien est une autre patrie et la foi y trouve de puissantes consolations.

A peine arrivé, le nouvel élève du Séminaire

Français accourt se prosterner sous la coupole
de Saint-Pierre : il prend contact avec le tombeau des Apôtres et la prière fervente raffermit
ses forces.

A l'œuvre maintenant : il ne faut pas perdre
une minute. « Ce soir même, écrit-il dans son
journal, je vais mettre de l'ordre à mes affaires
afin de pouvoir travailler, prier, méditer. »
En trois mots, voici tracé le programme qui
va régir cette période de vie préparatoire au
grand apostolat.

L'abbé Lagardère venait chercher à Rome la
science sacrée à l'exemple de l'élite des étudiants
du Séminaire Français. Il la jugeait nécessaire à
la valeur d'une vie sacerdotale qu'il rêvait aussi
pleine, aussi parfaite que possible.

La foi, fondement de l'apostolat, ne lui
paraissait assurée qu'une fois bâtie sur les
assises solides de la science. « La foi du prêtre,
pensait-il, doit reposer sur le roc, non sur
l'impression, non sur le sentiment ; dès lors,
il faut que l'entendement nourrisse le cœur et
il ne peut le faire sans la connaissance parfaite
du dogme. »

Sans doute, le curé de campagne qui vit
comme un saint au milieu de ses paysans peut
se contenter des lumières de la grâce : il sent
la componction et ne la définit pas. Le prêtre
appelé à d'autres destinées avait d'autres
besoins. Une piété de pur sentiment eût été
impuissante — il le pressentait — à régenter

la vie laborieuse, accablante qui devait être
la sienne, du moins à la conduire avec la maîtrise
qui en fera l'une des plus fécondes et des plus
nobles vies sacerdotales de notre temps. Pour
se diriger et diriger les autres parmi le dédale
des sophismes, des impressions, des situations
compliquées du monde moderne, il faudra au
directeur de consciences, au fondateur d'œuvres,
des idées nettes : faute de quoi, son action bienfaisante serait paralysée par l'incertitude et
éviterait difficilement de louvoyer entre la
rigueur et le relâchement, entre le scepticisme
et la crédulité.

Conscient de cet écueil, l'élève de Santa
Chiara, se mit au travail avec une volonté
décuplée par le désir d'apprendre. Il étudiait
avec âpreté, courbé sur ses livres du matin au
soir « comme le bœuf sur son sillon ». Il peine
opiniâtrement sur les traités de théologie, dans
sa blanche cellule, sans autres ornements qu'un
grand crucifix, quelques gravures, quelques
livres. Parfois il relève la tête sous le rayon de
soleil qui entre par la fenêtre ouverte du côté
de la France, ou bien son regard se pose un
instant sur un beau portrait de sainte Agnès
ou sur la grande figure du Tasse accrochés au
mur — double choix révélateur de l'âme à la
fois imaginative et croyante. — Puis il ramène
son esprit rebelle à la rigueur des études abs-
traites.

C'est toujours l'élève impressionnable de la

quinzième année, sensible à toutes les varia-
tions d'atmosphère morale : un rayon de soleil
arrive-t-il sous forme d'un mot d'amitié, d'une
lettre du pays, « voilà tout l'être d'une vigueur
inouïe », l'intelligence soutient avec succès les
thèses les plus arides ; demain s'il fait noir
« toutes les facultés intellectuelles seront étein-
tes ».

Avant de mordre au beau fruit de la science
théologique, le pauvre étudiant s'acharne sur
son écorce dure et conventionnelle. Il lui faut
rompre son esprit à la scolastique et à l'argu-
mentation romaine : rude tâche. L'âme qui
apprit à lire l'infini dans le ciel des nuits d'été
est rebutée par la sécheresse de la métaphysique :
habituée à marcher droit à la splendeur divine,
elle gémit d'être astreinte au sec raisonnement.
« Dieu a dans mon cœur des proportions infinies
et on veut que je l'enferme dans une distinction
de mots !... » Comment se plier à disséquer les
qualités divines « dans le sens de l'argot philo-
sophique où tout est métier, mécanisme et
ennui ? »

L'abbé Lagardère s'oblige pourtant à l'aride
besogne. Aux cours, aux récréations, il poursuit
ses recherches, interrogeant professeurs ou
condisciples. Le soir, sur la loggia qui couronne
le bâtiment et qu'il a choisie pour promenoir
nocturne, il creuse l'idée rebelle, et puis il
conte à Dieu retrouvé dans les étoiles ses difficultés et ses peines.

Tant de ténacité mérite récompense. Bientôt les études, hier si rudes, procurent des joies ineffables à l'esprit qui chante sa conquête : « Il y a là des mystères qu'on entrevoit dans le silence d'une cellule et qui ravissent d'admiration... Je comprends merveilleusement ce que sera la vie de l'éternité pour nous quand je me contemple moi-même ici, allant de clarté en clarté, d'idée en idée, d'amour en amour, sans que jamais l'âme, enfermée dans la prison du corps, puisse se lasser. »

La lumière entre à pleine fenêtre. Dans son enthousiasme, l'étudiant de la « Grégorienne » ne se fatigue ni de chercher, ni de voir. Le corps, sous l'impulsion de l'esprit, résiste à toutes les sollicitations du repos.

Cette vie de bénédictin répondait aux goûts laborieux de l'abbé Lagardère, au côté austère de son âme. Elle lui paraissait vraiment, à l'instar de la vie monastique, « la plus pure et la plus intense des vies que l'homme puisse rêver. »

Toutefois le labeur, aussi acharné soit-il, ne peut suppléer au défaut de temps. Le candidat au doctorat possédait la matière de l'examen, mais cette science accumulée en l'espace de quelques mois, au prix d'un travail inouï, n'était pas mûre quand vint le jour de l'épreuve. Un examen, dans ce cas, dépend d'une impression. En décembre 1889, d'ailleurs malade, en proie à la fièvre, l'abbé échoue au doctorat.

Il se console à la façon des âmes robustes

que l'échec, loin de les décourager, stimule. Cherchant aussitôt la pensée harmonieuse de Dieu dans le sacrifice, il conclut : « Si j'avais réussi, la nourriture intellectuelle amassée à la vapeur eût été à jamais indigeste. J'aurais pu avoir des titres, au fond, il serait resté peu de chose de cet amas de connaissance. »

Il recommence donc « avec de nouvelles énergies » et va préparer à la fois le baccalauréat en droit canon, la licence en théologie, le doctorat en philosophie et un examen de morale.

N'est-il pas à craindre que ce grand travailleur dépasse la mesure et donne tout à l'érudition ne gardant rien pour les âmes ? Il voit le danger et le dénonce lui-même : « à force de vivre avec les livres, on finit par ne plus comprendre les hommes, on les juge avec des chiffres, on se fait rechigné, on rend la religion rabougrie. »

Celui qui porte ce jugement est trop vivant pour devenir livresque. Le sens des réalités qu'il a reçu des sages paysans, ses pères, le garde heureusement de ce piège. Il y échappe plus sûrement encore en se mêlant aux hommes ; il descend des hauteurs de la philosophie pour rire avec ses condisciples « d'un rire joyeux et enfantin ». C'est le moyen de voir de près l'humanité pour la mieux connaître et acquérir, en plus de la science théologique, la science de la bonté, nécessaire, au moins autant que l'autre, au divin métier de pasteur des âmes.

D'ailleurs, son cœur l'incline au commerce des

hommes : si la science l'enthousiasme, la vie et
la nature l'émeuvent profondément. Dans l'hy-
giène morale qu'il s'est formée, la flamme intérieure n'est pas toute cérébrale ; il éprouve le
besoin d'une action bien vivante qui enrôle
tout l'être et mette en jeu toutes les puissances
d'opération permettant d'agir pleinement en
homme.

S'il passe, aux yeux de quelques-uns pour
orgueilleux et froid, c'est qu'il ne cherche pas à
se concilier les bonnes grâces des heureux ; c'est
aussi qu'il dissimule derrière le masque de l'impassibilité et son extrême sensibilité et une
certaine timidité naturelle qui s'abrite là. Mais
qu'il rencontre une souffrance, aussitôt il ouvre
son cœur et en laisse déborder la compassion et
la chaude tendresse. Il n'a qu'à se montrer lui-
même pour gagner les sympathies : sa nature
de feu, son cœur d'or, son caractère loyal attirent invinciblement.

Il groupe bientôt autour de lui tout un cercle
d'amis parmi lesquels il entretient une vie
intense. En récréation, on cause des choses de
l'âme et de celles de l'esprit et les heures passent
comme autant de minutes. On le titularise
« préfet des études », et chaque jour, prenant
au sérieux ses fonctions, le chef élu fait à ses
compagnons l'analyse d'un livre nouveau, l'his-
torique d'un monument ou d'une église ; il
désigne une question de philosophie à traiter

dans les entretiens, il assigne le but de la promenade.

La voix du petit choriste de Couthures, avait pris de l'ampleur et fit sensation à Santa Chiara. L'abbé s'occupa avec zèle de la « schola » de chant grégorien, qu'il contribua à fonder, nous dit-on, d'après les indications des Pères Bénédictins.

Tempérament de poète et rimant à ses heures, il mettait aussi sa muse au service de Dieu ! A l'occasion de la statue du Sacré-Cœur érigée au centre du cloître de Santa Chiara, on l'entendit, dans une belle fête intime, déclamer des vers en l'honneur du Christ « avec une flamme déconcertante », raconte un de ses condisciples. Pour qui sait lire, ceci signifie qu'il péchait parfois par excès d'enthousiasme aux yeux des gens plus rassis et les élèves plaisantaient avec bienveillance son exubérance très méridionale.

L'amitié y gagnait de n'être avec lui, ni mélancolique ni austère, mais bien jeune et joyeuse. Ne soyons pas étonnés si même elle fait « beaucoup de bruit » car elle a « l'humeur gasconne et sa piété n'est pas triste ».

Qu'on en juge plutôt. C'est en avril, aux vacances de Pâques. L'abbé Lagardère et deux de ses amis sont restés à Rome, au Séminaire Français : ils « gardent le foyer ». Qu'y font-ils ? « Nous allons nous rendre visite, ce qui nous met fort en train. Pas de contrainte ni d'arrière-

pensée, rien qui échauffe la bile... La jovialité
est le capital mis en commun, le sel gaulois
vient ensuite... » Innocents passe-temps, dont
la malice n'est point absente mais qui sont
à coup sûr sans méchanceté et qui détendent,
dans l'intimité, le sérieux habituel de ces vies
laborieuses.

Pour la fête des Rois, c'est un autre divertis-
sement, non moins simple et modeste. Les amis
ont reçu quelques gâteaux et, chaque matin, ils
vont y goûter « en se signant deux fois ». Naïvetés
touchantes comme les gestes d'une amitié de
quinze ans et qui aident à garder, avec la gaieté,
la pureté de cœur. Sans cette jeunesse et cette
expansion, on mourrait de jaunisse en exil ou
l'on deviendrait fou, déclare le maître du chœur
qui se récrie vivement : « mieux vaut être un
saint, un saint large, à idées droites, grandes,
un homme loyal, capable de se passer de tout,
excepté de Dieu ».

Cette piété, cet entrain, cette cordialité, tout
ceci fait qu'on l'aime tendrement parmi ses
frères en sacerdoce. Quelques-uns l'appellent
« petit père ». Quand arrive le moment de l'examen, chacun s'intéresse à son issue. Après l'échec,
les sympathies s'empressent autour du candidat
malheureux et les nouveaux docteurs, malgré
son insuccès, veulent à tout prix le placer au
milieu d'eux dans le groupe photographique
du cours. La séparation lui coûte d'autant plus
s'il faut changer de condisciples. « C'est plus

dur que je ne pensais, reconnaît-il : je me surprends parfois les larmes aux yeux et l'âme
pleine d'un flot de tristesse. Tant il est vrai
que ce pauvre cœur va vite à l'œuvre et qu'il
est fait pour ce qui est stable. »

Il avait de l'amitié conception si haute, qu'il
déclarait avec conviction « qu'on n'aime vraiment qu'en Dieu et que les saints ont été seuls
de vrais amis ».

Le monde ne soupçonne pas la force d'une
amitié chrétienne, insistait-il, il ne sait pas « que
nous aimons mille fois plus que lui, que notre
pensée est sans cesse tournée vers ceux que nous
aimons, mais qu'elle ne s'arrête pas et ne peut
s'arrêter là, qu'elle va au delà, qu'elle monte
jusqu'à Dieu et que sur ce sommet, elle guérit
ses propres misères : son inconstance, son
égoïsme stérile, sa passion de jouissance, pour
redescendre ensuite comme embaumée des
parfums divins, comme chargée de grâces qu'elle
va répandre — dans la mesure où elle aura souffert pour les acquérir — sur les âmes auxquelles
elle a voué une éternelle charité. »

Quelle force n'auront pas les affections du
prêtre qui parle une langue si pure ! Et quelle
fécondité n'en peut-on pas attendre ! Le cœur
vivant fait de la vie à chacune de ses pulsations :
il actionne la volonté et rythme la pensée ;
ardent, il s'élance vers la beauté dont il entrevoit le reflet ; sensible, il jouit et souffre avec
une égale intensité ; noble et grand, il se hausse

jusqu'à l'infini et élève avec lui tout ce qu'il aime. C'est un besoin pour lui que d'éterniser ses affections ; un besoin que de conquérir ses amours à sa foi ; et pour partager d'abord ce bien supérieur, son amitié se tourne aussitôt en apostolat. Vivre en un mot, pour ce cœur profond, c'est aimer, et aimer, c'est se dévouer. Ainsi la vie lui apparaît comme le don absolu de soi. Il sent grandir de jour en jour ce désir, fruit de la générosité de son âme. Il n'aspire qu'à sauver ceux que Dieu lui donne, à les garder du mal, à les faire germer pour le ciel.

Sauver des âmes ! c'est, en définitive, la grande ambition de cet apôtre-né.

« J'irais labourer en Calabre pour sauver des âmes », s'écrie-t-il un jour, sur la proposition décevante de rentrer à Saint-Caprais comme simple surveillant. Et qu'il retourne au collège, qu'il aille vivre à l'ombre d'un clocher de village, il s'accommodera de tout, parce qu' « il y aura partout des âmes » et que partout le prêtre pourra « travailler et se sanctifier ». Tout est là : qu'il lui soit permis de se dépenser, mais « de se dépenser corps et âme ». Le champ du Père de famille à défricher obsède sa pensée et sollicite toutes ses forces vives.

Une conférence faite par Harmel au Séminaire Français avive ces désirs. L'abbé Lagardère emploie sa récréation à méditer le *misereor super turbam* et de cette méditation sort un long programme d'apostolat, tableau de conquête divine qui n'est encore qu'une ébauche, mais qui annonce la maîtrise future d'une charité débordante. « Je sens que Dieu veut que je sois apôtre, conclut le généreux prêtre. Ah ! les âmes, il faut les aimer avec toutes les énergies de notre être ; il faut tout leur sacrifier... plus de repos ni trêve que nous les ayons données à Dieu. »

En attendant les heures de l'action, l'étudiant ronge son frein : « l'étude ne peut suffire à mon âge, l'enthousiasme ne suffit pas davantage ; la raison est trop froide, les hommes sont trop égoïstes, trop petits, trop dispersés. Vous, mon Dieu ! Votre croix, votre calvaire ; des âmes, des âmes, des missions ! Il me faut l'action... il faut que je me dépense... écoutez la prière que je vous fais depuis tant de jours ! »

Privé de tout ministère régulier, l'abbé Lagardère trompe comme il peut cette faim de dévouement, par la menue monnaie des actes de zèle quotidien. Il excite ses amis à la sainteté. Il les entraîne par ses exhortations ardentes : « Agissons ! agissons vaillamment, virilement : ne laissons pas l'épée des forts se rouiller entre nos mains ».

A plusieurs reprises, il consacre son repos des vacances à donner des retraites chez des religieuses enseignantes françaises, dans les environs de Rome. Il parlait de l'abondance du cœur à ces éducatrices, « de la sublime vocation d'élever les âmes des enfants par la virginité, la charité et la vérité », mettant toute son âme dans les allocutions qu'il leur adressait.

Il fut aussi quelque temps chapelain dans une famille romaine et c'était une joie pour lui de dire la messe « dans une atmosphère d'enfants », de sentir auprès de l'autel leur prière et leur présence attentive.

Le catéchisme des petits vagabonds qui fonctionnait dès cette époque à Santa Chiara, était un autre aliment pour son zèle. Le prêtre ami des enfants attirait les « bambini ». Un de ses « petits clients du collège Romain », vient quelquefois jusqu'au Séminaire demander les oranges de son dessert qu'il a pris l'habitude de lui réserver. Aux pauvres du Christ, il donne ce qu'il a : quelques sous et les richesses de son cœur. A l'occasion, il quête pour soulager leur détresse.

Il s'incorpore si bien les douleurs des autres que, à les voir, les larmes jaillissent de ses yeux : « Ah ! s'écrie-t-il, comme je comprends les tourments inénarrables du Christ à la pensée des misères qu'il a faites siennes ! Le prêtre, le religieux en arrive là et sa vie finit réellement par être absorbée dans la vie de ceux qui pleurent ».

Ainsi lentement se dessine le fondateur d'œuvres, l'apôtre infatigable. Rêves et connaissances se mêlent, s'entassent et forment l'humus d'où sortiront les œuvres fécondes.

CHAPITRE IV

A travers Rome

Devenu l'hôte privilégié de Rome, l'abbé Lagardère entend profiter pleinement de son séjour dans la Ville Éternelle.

Il n'est pas seulement l'étudiant de l'Université Grégorienne et de l'Apollinaire, son esprit est curieux de savoir en tout ordre de connaissances : tout l'invite au travail. Les promenades sont autant d'occasions d'enrichir son intelligence dans ce pays peuplé de chefs-d'œuvres et de souvenirs.

Il étudie la peinture et la sculpture au Vatican, l'art antique au Capitole, pressé par le désir de « voir, toucher, comprendre, deviner, aimer le beau ». Profane en cette matière, il se plaint de n'avoir que des aspirations confuses, des idées vagues : « Je sens et ne sais

analyser ni raisonner mon jugement, et cette
ignorance m'est un tourment. »

Mais il a le sens de l'art s'il n'en a pas la
science : il n'admire d'instinct que le chef-
d'œuvre qui contient une pensée expression
d'un idéal. « La simple traduction de la beauté
terrestre est de la photographie », à ses yeux,
non de l'art. L'art est plus qu'humain... il
parle surtout à l'âme non aux sens de celui qui
contemple : « Je veux pleurer devant une statue,
non frémir »... Aussi, les madones de Rome,
pour splendides qu'elles soient, ne l'émeuvent
qu'en « très petit nombre ».

Ce délicat ne néglige aucune occasion de
former son goût au contact des beautés de la
capitale du monde chrétien. Au surplus, c'est
une manière de rompre la monotonie du travail journalier tout en fournissant l'esprit
d'impressions neuves.

Les camarades du Séminaire Français l'ayant
nommé leur cicerone, il entraîne sa petite
escouade dans tous les sanctuaires romains.
Aujourd'hui, il la conduit à la prison Mamertine,
demain au tombeau de saint Paul. La basilique
« trop riche, trop froide et trop correcte, où
Dieu semble trop haut et trop loin », lui fait
regretter les pieuses églises de France : « Notre
Dieu est un Dieu qui pleure, qui aime, qui meurt
pour nous... je le veux plus près de moi, je veux
pouvoir lui baiser les pieds. Ah ! nos cathédrales

gothiques ! comme elles parlent à l'âme ; comme elles sont chrétiennes ! »

La chapelle Sixtine ne le charme pas davantage, parce que Michel-Ange a trempé « son pinceau dans les eaux du paganisme » au lieu de le tremper « dans les eaux du Jourdain ». Mais les loges de Raphaël l'enchantent : « Raphaël, c'est le maître …Il me fait penser et prier. Je l'aime comme j'aime Mozart... ils font tomber à genoux. »

La musique sacrée qui impressionnait si vivement le petit enfant de chœur, transporte d'aise le prêtre romain. Il exprime admirablement les nuances, les émotions qui traversent les chants de la Semaine Sainte : les Lamentations entendues à Saint-Jean-de-Latran ; le *Stabat* de Rossini, ce « cri d'une âme passionnée qui veut traduire sa foi ». Il goûte jusqu'au ravissement les divins accents qui font vibrer son âme, harpe sensible au moindre effleurement de la brise éternelle. « Tout est harmonie ici-bas, chante-t-il, tout parle à l'âme du chrétien, tout aime, tout bénit et proclame la divinité ; et cette cloche dont le son dolent rend la note de ma tristesse et ce rayon de soleil mourant qui caresse ma main et cette brise du soir qui me vient d'une terre que j'aime, tout cela a une voix, tout cela chante, tout cela pleure et je chante et je pleure avec tout cela...

« Rome, Rome, ville de la pensée... ici tout

s'harmonise, même la douleur... les larmes sont des notes qui chantent Dieu. »

Ce poète, cet artiste est toujours l'enfant qui apprit à aimer la beauté et à goûter l'infini dans les nuits étoilées de Gascogne. Le « petit rêveur », comme il s'intitule lui-même, a gardé de ce temps là une puissance d'émotion, une faculté d'admiration toujours renouvelées. Il est bien fils du « pays de soleil et de sourire » dont l'Italie rappelle le ciel lumineux et la langue sonore — cette langue de Jasmin plus belle encore à son gré que la langue du Dante, et qui lui faisait regretter que Toulouse ne fut pas le berceau du français.

Le soleil, il est vrai, donne aux plantes un éclat, une splendeur que n'ont point les pâles fleurs du Nord. Et quand l'espèce y ajoute ses qualités, la fleur qui s'épanouit sur la tige arborescente est une merveille.

Les hommes aussi naissent parfois de nature plus riche dans les pays plus riants ; et ce n'est pas à tort que l'enfant de la Garonne remerciait le ciel de Gascogne des trésors d'ardeur et d'enthousiasme qui frémissaient dans son âme. Il avait puisé dans la terre maternelle les sucs nourriciers des bonnes races : la sensibilité délicate, le goût de la beauté, la vivacité des impressions, la franchise, la bravoure, la promptitude d'esprit, la gaieté, toutes qualités qui rendaient son commerce précieux et rare.

Dans les pèlerinages quotidiens où il guidait

ses compagnons, le chef de « camerata » les charmait aussi par une poésie colorée d'enthousiasme qui mettait sur toute chose une vivante flamme. La froideur l'indignait sous le ciel d'Italie comme une profanation. « Nous étions trois ce soir, relate-t-il, dans cette villa Pamphili où la nature est si belle et revêt le cachet grandiose que les siècles impriment à tout ce qu'ils touchent, et les malheureux s'amusaient à décomposer des fleurs, à contempler des carosses... Moi je pensais, je rêvais, je priais. »

Ah ! il n'est pas content de son groupe ce jour là, et l'ire gasconne lui suggère de vives réflexions à l'endroit de ceux qui « ne connaissent que les principes du compas » et qui jugent des hommes et des choses avec un cœur sec.

L'unisson se fait mieux au Pincio, « une des plus belles promenades du monde, la seule où l'on puisse contempler, l'histoire à la main, les ruines du passé, les splendeurs du présent ». Le cadre est merveilleux, « A l'orient, les orangers de la villa Médicis, à l'occident, du côté de la France, le soleil qui se couche dans un lit de feu, au milieu des grands peupliers d'Italie qui semblent reculer les bornes de l'horizon et font rêver à l'Infini... Et puis, quelques amis de vingt-cinq, vingt-sept ans, qui goûtent ces choses en beauté, en harmonie... L'âme s'emplissait de parfums et les yeux s'emplissaient de larmes... »

Larmes d'émotions pour la beauté présente,

larmes de regrets pour l'insaisissable dont la douce patrie, là-bas, est l'image, France ardemment aimée sur le sol étranger qui avive encore l'amour du pays. « O, France ! Elle est bien ma patrie, celle-là, s'écriait l'abbé Lagardère au milieu des manifestations italiennes. Ma Patrie ! c'est-à-dire ma vie, mon âme, mon cœur, mon sang... Depuis que je suis prêtre, je l'ai nommée chaque jour à l'autel ; et je voudrais que de grandes et saintes âmes la régénérassent ! Elle seule peut donner la vie à l'Église... Il faut l'aimer et nous dévouer pour elle comme pour Dieu. Aussi ai-je bien l'intention, à mon retour, de me faire nommer aumônier... »

Il est fier, ce futur aumônier militaire, quand les étrangers lui demandent des renseignements en français et non en italien dans les rues de Rome : « nous devons porter sur notre physionomie le cachet français ! » pense-t-il.

Il est fier, il applaudirait s'il l'osait quand le P. Billot dans une de ces argumentations éloquentes dont il a coutume au collège romain, le mot latin traduisant mal sa pensée, prend la langue française et « en jette les expressions à la fois fortes et gracieuses aux quatre coins de la salle... »

C'est la France encore, c'est son parfum familier, que le fils de Gascogne va chercher à la villa Médicis, dans les jardins « où tout le monde parle français et où le soleil lui-même semble être plus clément et plus caressant. » Il trouve

« je ne sais quelle odeur de terroir, sous les grands lauriers fleuris et sous les grands chênes pleins d'oiseaux, qui enivre, refait et rend la vie. »

Et c'est un souvenir de la Patrie aussi qu'il rencontre à Sainte-Sabine, le couvent de Lacordaire où il rêve sur la destinée de l'homme, ainsi fait qu'il « soupire pendant les plus belles années de sa jeunesse après le jour où il sera dans la force de l'âge et dans la plénitude de ses facultés et que, ce jour venu, il se prend à regretter d'être déjà au sommet. » Propos qui sent la nostalgie de l'exil. Propos qui laisse deviner aussi l'énergie de l'étudiant qui sans cesse brasse en plein courant pour remonter le fleuve. Il n'était « de fer ou de bronze » qu'en apparence ; en réalité l'âme recevait le contre-coup de toute impression et le travail était le puissant dérivatif qu'il offrait à la souffrance. L'ennui est son atmosphère habituelle quand il touche la terre et les limites humaines.

Pour tromper cet ennui et pour utiliser le temps pendant certains congés de Pâques, le petit groupe du Séminaire Français entreprit le pèlerinage d'Ostie. Le chef de la bande, comme de coutume, déploie la verve du méridional unie à la gravité du professeur : voici un jour de vie libre et de saine gaieté où l'on va « rire d'un franc rire, pour toute l'année ». Écoliers en vacances, les amis aspirent à pleins poumons la brise marine qui vient du rivage et s'en donnent à cœur joie tout le long du chemin.

La gaieté accompagne leur jeunesse fervente, mais l'émotion est au coin de leur sourire tandis qu'ils approchent du lieu où vécurent Augustin et Monique. « Quelle terre, quelle visite, quels souvenirs ! » songe, pensif, l'abbé Lagardère. Il laisse ses compagnons quitter la petite chapelle érigée là, pour coller ses lèvres contre les vieux murs — « avec quel saint tremblement » — et s'agenouiller devant l'image du fils et de la mère en contemplation... « Toute mon âme, dit-il, en était frémissante », et comme on conçoit bien le pieux émoi de cette sensibilité ardente et pure !

Halte bénie, qui se termine de la plus pittoresque façon. La petite caravane, au sortir d'Ostie prend un chemin conduisant à la mer et traverse l'immense plaine qui s'offrait jadis aux regards de Monique et d'Augustin. « Pas un arbre, lisons-nous dans une lettre de l'époque, un soleil ardent sur nos têtes. Il est déjà plus de midi ; nous avons fait dix-huit ou vingt kilomètres à pied et sentons le besoin de nous reposer. Des joncs géants croissent sur le bord d'un marais. En arracher quelques-uns est l'affaire d'un instant ; une tente est dressée avec nos habits, nos douillettes et nos bagages et nous voilà dînant sous cet abri, au milieu du désert... Rien n'a manqué au repas, pas même le café, chauffé avec des journaux et des plantes marines : une vraie bohême — mais une bohême distinguée... »

Toujours attiré par les parfums monastiques, ses pérégrinations conduisent un autre jour le jeune prêtre à la Trappe française, située à l'endroit où Paul eût la tête tranchée. Saint Bernard disait là chaque jour sa messe. Le décor y est splendide : « des forêts presque vierges, de grands arbres et à leur ombre, des moines, des trappistes, des français, des saints, qui semblaient porter sur leur front le travail de dix siècles, mais qui rayonnaient d'une divine beauté.

« Mon âme était toute ravie, raconte avec émotion le visiteur repris par le désir de la vie conventuelle ; j'errais dans tous les coins du monastère ; il me semblait que j'y devais marquer ma place pour un jour connu de Dieu seul... Là je serais devenu un saint, là j'aurais aimé comme peuvent aimer les anges, là j'aurais consumé ma vie et je serais mort en m'immolant pour le Christ et pour le salut d'autres âmes. » Mais la main divine le pousse doucement au dehors.

Il a prié dans les cloîtres italiens, il a fait le tour des musées, il a cueilli des roses au tombeau du Tasse, il a posé son regard admiratif sur tous les horizons de Rome, mais c'est le pape, les « funzioni[1] », les basiliques, les tombeaux des saints qui l'attirent, c'est aux monuments des martyrs qu'il revient toujours.

1. Cérémonies solennelles des églises romaines.

Le Pape d'abord. Quelle émotion lorsque le fils pieux de l'Église se trouve en face du pontife suprême : « Quand mon regard a rencontré son regard, les larmes ont jailli de mes yeux. ...Pierre pour moi, c'est Rome, c'est l'Église, c'est l'Univers, c'est Dieu ».

A ce pontife, incarnation de l'autorité sacrée, il voue spontanément une obéissance totale, devançant les jours durs qu'il prévoit pour l'Église de France où « prêtres et évêques serrés comme un seul homme autour du pape » sauveront l'unité par leur désintéressement.

L'Église du Christ mérite à ses yeux tous les sacrifices. Il l'étudie avec autant d'intelligence que d'amour. Il la voit, indulgente et sereine, retarder la condamnation de l'erreur et ménager les hommes, tolérer dans son sein des rites divers, faisant la part du tempérament de chacun et nous enseignant ainsi qu'il faut respecter les dispositions particulières et greffer le surnaturel sur un support naturel. Elle se révèle admirable maîtresse d'éducation, incomparable mère et sa contemplation fait battre le cœur de son fils.

L'élément humain dont elle est formée peut s'agiter humainement et scandaliser certains esprits : l'homme reste toujours l'homme ; Dieu ne change pas sa nature parce qu'il le marque pour son œuvre, Dieu se sert de ce qu'il y a de bon dans sa créature et il l'aide à se dépouiller de ce qu'elle a de mauvais, et l'Église marche

en dépit de ces misères, défiant tout ce qui lui
est opposé : « c'est l'arche sainte ; qui y touche
en meurt », tandis qu'elle continue sa route d'un
pas assuré, à travers les siècles.

Fort de ces vérités, l'abbé Lagardère se repose
en elle comme l'enfant sur le sein de sa mère :
« Je puis dire que j'ai trouvé ce que je cherchais...
J'ai trouvé le repos de l'esprit et du cœur ».

Dans cette divine paix, il avive le feu clair de
son âme à toutes les lampes sacrées qui brûlent
dans la cité sainte. Ses pas le ramènent sans
cesse aux prisons des apôtres, aux lieux arrosés
de leur sang. Ces souvenirs sont vivants pour lui
et pas seulement spéculatifs : il y puise comme
à la source toujours renouvelée. C'est ici qu'il
alimente sa piété, qu'il exalte sa foi nourrie
de science, qu'il réchauffe incessamment ses
énergies.

« O tombeaux embaumés, s'écrie-t-il, ô Rome,
terre des vivants !... c'est devenu presque
un besoin de causer avec tes martyrs ; ceux-là
surtout m'attirent. »

Bibiane, Cécile, Agnès, Saint Georges, le grand
soldat confesseur de la foi, le mettent en émoi.
Les catacombes le touchent profondément. La
vue des saintes reliques laisse son âme haletante :
« la vie était là sous cette poussière, dit-il, et il
nous semblait que ces morts n'attendaient
qu'une voix pour reprendre vie : *cœmeterium*,
c'est un dortoir. »

C'est alors qu'il laisse échapper de son cœur

des vœux enflammés comme celui-ci : « Je voudrais donner à Dieu un témoignage de sang... Je ne refuse pas le travail, mais je voudrais être trouvé digne un jour de donner le témoignage suprême de l'amour... »

Il sera satisfait... Mais avant de témoigner par sa mort, le prêtre de Jésus-Christ sait qu'il doit témoigner par sa vie. C'est pourquoi, dans la prison de saint Paul, il supplie l'apôtre des Nations de ne pas le « rejeter de l'édifice de l'Église comme une pierre inutile », mais de lui donner quelque chose de son grand amour pour les âmes et pour Dieu, « de lui mettre une épée entre les mains, de lui communiquer une âme vaillante et fière, des énergies de saint et d'athlète, des puissances capables de ressusciter et de sauver ».

Déjà il cueille quelque chose de ces grâces avec le fruit de ses travaux. Quittant Rome, fort des certitudes qu'il est venu non pas chercher, mais fixer dans le roc de la science théologique, il pourra constater que « ces trois ans de silence, de croix, de privations... ont donné à la volonté une vigueur, une énergie, une droiture qu'elle n'aurait jamais eue » s'il était resté à Agen. L'intelligence a gagné, elle aussi, aux études et à la vie romaines. L'étudiant de Santa Chiara peut exprimer sa reconnaissance à la cité éternelle : « O Rome, grande grâce de ma vie !... » Il reviendra dans la patrie armé de pied en cape, prêt à entrer en lice.

DEUXIÈME PARTIE

CHAPITRE V

Le secrétaire de Mgr Petit

Deux ans au Puy — Evêque et secrétaire — Prémices d'apostolat — A Besançon — Difficultés et séparation.

En 1892, l'abbé Lagardère ayant réparé son premier échec, s'apprêtait à rentrer en France, muni du doctorat en théologie et du doctorat en droit canon.

Il était arrivé jusqu'à cette heure sans savoir au juste à quelle tâche le Maître le destinait. Retrouverait-il sa situation à Saint-Caprais ? Il confiait l'avenir à la Providence : « Les voies de Dieu sont mystérieuses, ...là où il me veut, il disposera toutes choses pour le mieux. Je ne formule pas de vœux : Que votre volonté soit faite, ô mon Dieu, et non la mienne. »

C'est ordinairement la parole que Dieu attend pour manifester ses desseins, et c'est à ce moment que l'évêque du Puy, Mgr Petit, choisit l'abbé Lagardère pour secrétaire particulier.

Par quel concours de circonstances Dieu rapprocha-t-il ces deux hommes ? Le jeune professeur d'Agen était en relations suivies avec une famille que connaissait intimement Mgr Petit. Celui-ci, dans ses séjours à Rome, descendait au Séminaire Français, et l'abbé Lagardère, pour répondre au désir exprimé par leurs amis communs, demanda quelque jour, à être choisi pour assister le prélat à l'autel, non sans craindre que l'évêque « vit là de l'indiscrétion ou un zèle intempestif qui n'y était point ».

Cette seconde rencontre — on se souvient de la première qui eut lieu au Carmel de Saintes, — laissa-t-elle quelque trace dans l'esprit de Mgr Petit ?

Pour ce qui est du servant de messe volontaire, voici ce qu'il en écrivait aux amis : « Votre évêque est ici. Il est drapé dans sa sévère et franche dignité, le ciel ne l'en ferait pas sortir, surtout à l'autel, et son humble assistant de messe est bien aussi raide que lui... C'est la même physionomie que j'avais vue à Saintes, douce, grave, austère. » Il ajoutait : « Pourquoi mon cœur va-t-il si droit vers cet homme qui voit en moi le dernier des étrangers ?.. Mystère. »

Mystère d'intuition : deux ans plus tard, Mgr Petit appelait « son humble assistant de messe » de 1890, à devenir son secrétaire particulier.

Il est permis de penser qu'une discrète intervention suggéra cette nomination ; il se peut aussi simplement que Mgr Petit, qui s'y connaissait en hommes, ait distingué le jeune prêtre parmi les étudiants du Séminaire Français : la qualité de l'esprit et de l'âme du nouveau secrétaire justifiait ce choix.

L'abbé Lagardère vint peu après rejoindre Mgr Petit dans sa ville épiscopale. Docile aux événements qu'il considérait comme les agents de la volonté providentielle, il quittait son pays et son diocèse pour s'attacher au chef, « au Père » que lui désignait le doigt divin.

Subitement transplanté du milieu romain en terre du Velay, le nouveau venu connut d'abord au Puy un autre exil. Peu à peu, il aima la ville de Notre-Dame de France, avec sa basilique semi-orientale, ses souvenirs de foi et de magnificences. Il dut rêver devant l'étrange façade polychrome de la Cathédrale, dans le merveilleux cloître, sous les arcades aux claveaux noirs et blancs qui font penser aux arcs de la mosquée de Cordoue.

Il n'est peut-être pas en France, d'église plus extraordinaire que cette cathédrale dressée au cœur des montagnes du Velay. L'Espagne arabe et la Perse sassanide se laissent entrevoir dans son architecture. La fameuse Vierge noire qu'on vénérait dans son sanctuaire — celle-là même qu'à la fin du xie siècle, l'évêque Adhémar de Monteil avait chantée dans le *Salve Regina* — passait pour avoir été rapportée d'Égypte par Louis VII. Tout ici évoque l'Orient, cet éternel Orient dont la pensée éveille le désir nostalgique des pays de lumière.

Pour le comprendre, il faut se rappeler que le Puy était autrefois le point de départ d'une des quatre grandes routes qui conduisaient les pèlerins à Saint-Jacques de Compostelle. Un perpétuel courant de voyageurs traversait cette ville qui nous semble aujourd'hui perdue dans ses montagnes, et qui était alors une des grandes voies de communication entre France et Espagne. Chose à peine croyable, l'auteur du *Speculum morale* nous dit que « les Sarrasins d'Occident » offraient des présents à Notre-Dame du Puy « pour qu'elle les préserve eux et leurs champs de la foudre et des tempêtes[1] ».

Les Arabes d'Espagne envoyant des offrandes à la Vierge du Puy, quel beau sujet de poétique méditation !

C'en est un autre que le souvenir des grandes assemblées de Chevalerie qui se tenaient chaque année au pied de la cathédrale, dans le décor des grands rocs basaltiques.

Aux approches du 15 août, nous dit M. Émile

---

1. Cité par M. E. Mâle dans *Les influences arabes dans l'art roman* (*Revue des Deux Mondes*, 15 novembre 1923).

Mâle, les pèlerins du Midi montaient en foule vers le Velay, par les vieilles voies romaines, la voie Bolène et la voie Régordane. Ils venaient célébrer la Vierge dans son sanctuaire, et l'on voyait arriver en même temps que les barons illustres, les plus fameux poètes de la langue d'Oc. Ils gravissaient l'éminence d'où l'on aperçoit la ville mariale, et qui s'appelait comme la colline dominant Rome, *Mons Gaudii*, le Mont de la joie. Cette fête du Puy était la grande liesse de la France méridionale : combats en champs clos, sacres de chevaliers, chants des Troubadours remplissaient de leur éclat ces assemblées mémorables.

Ainsi, ce qu'il y avait de plus haut et de plus pur dans l'âme du Moyen Age : culte de la Vierge, courtoisie, poésie lyrique, chevalerie, se manifestait jadis dans ce lieu, sous les auspices de l'étrange cathédrale, muet témoin de ces splendeurs maintenant évanouies.

Nul n'était plus apte à goûter ces vieux souvenirs, si riches de substance, que l'homme qui venait précisément de cette Gascogne que traversaient au sortir d'Espagne, les anciens pèlerins de Marie. Enclin à aimer toute poésie par l'infini de rêve déposé dans son âme, préparé à comprendre toute grandeur par les enseignements de la Rome éternelle, l'enfant du Midi ensoleillé se sentit moins exilé sous les coupoles de la nef persane dont l'inspiration venait en droite ligne de l'Orient magique.

Agenouillé au pied de la Vierge, il sentait fleurir en son cœur le doux culte marial qui ne fera que croître au long de sa vie.

Et quand, ayant franchi la porte aux sculptures arabes, il se retrouvait au pied de la cathédrale où se tenaient dans les vieux temps les cours d'amour et les loyales joutes, le frère des Cadets de Gascogne recevait des âmes errantes alentour, les plus belles leçons de la Chevalerie.

Il vécut deux ans dans ce décor qui contribua pour une part à modeler sa physionomie originale et puissante comme celle d'un moine-chevalier. Le milieu n'est pas indifférent à la formation d'une âme, surtout quand cette âme est si sensible et si noble qu'elle perçoit les moindres nuances et se prête d'instinct aux influences des harmonies humaines ou divines.

C'est en pensant à ce temps là sans doute, que l'abbé Lagardère notait un jour : « Il y a une muette analogie entre les lieux que nous habitons et notre âme... c'est la pénétration réciproque de l'esprit et des choses. Les villes ont ainsi une personnalité. Toute cité est un état d'âme, et d'y séjourner à peine, cet état d'âme se communique, se propage en nous en un fluide qu'on s'incorpore avec la nuance de l'air. » Il prit ainsi à la vieille cité, qui fut longtemps le cœur de la France, la moelle d'un passé très noble, riche de toute la dignité de la durée, terrain solide dans lequel les germes nouveaux puiseront leur vitalité.

La ville velaunienne recueillie dans la magnificence de ses souvenirs, était une leçon vivante pour l'excessive activité qui se détruit et se consume elle-même en épuisant les forces de l'âme. A son ombre pensive, l'impétueux Gascon apprenait à retenir l'ardeur qui se dissipe au dehors et ne garde rien pour le dedans. Grâce à cette contrainte, quand viendra l'heure d'agir, il trouvera ses énergies entières, et leur action sera d'autant plus vigoureuse, non plus comme ces torrents qui bouillonnent, se précipitent et se perdent, mais comme ces larges fleuves qui coulent tranquilles et inépuisables.

L'Évêque du Puy, réservé comme sa ville, contribua pareillement à cette formation, pénible d'ailleurs, sur le moment, à celui qui en profita.

Maître et disciple étaient bien, à l'heure où se joignaient leurs destinées, les deux personnages les plus opposés. L'un pondéré, calme, contenu jusqu'à la froideur, l'autre enthousiaste, ardent, vif jusqu'à la violence ; l'un silencieux, mesuré, tout en vie intérieure, l'autre au verbe prompt et chaud, tout activité et exubérance.

Dans ces conditions, la collaboration supposait chez le subordonné une contrainte qui dut lui paraître dure au sortir de Santa Chiara où le rire sonnait clair dans les cours de récréation, où l'on buvait l'air libre de la campagne romaine, rêvant tout haut entre amis de même cœur et de même jeunesse.

Le sage évêque ne savait pas toujours faire la part de l'âge et du caractère.

Un incident survenu lors du voyage *ad limina* de Mgr Petit à Rome avec son secrétaire, en avril 1893, souligne ces dissonnances. Ils visitèren tensemble quelques provinces de l'Italie. Avide de voir et de savoir, l'abbé Lagardère se perdait dans la contemplation des merveilles qu'il visitait.

Au départ de Venise, il en oublia à l'hôtel le sac dont il était chargé. Arrivés sur le bateau, les voyageurs se trouvèrent sans bagage. Le prélat mécontent se renferma dans un rigoureux silence. Au premier arrêt, l'abbé s'empressa de réparer son oubli, mais il en résulta des retards et contretemps fâcheux et le regard de Monseigneur disait assez le jugement défavorable du sens pratique pour les distractions des poètes.

Les deux hommes cependant s'estimaient et s'aimaient, leurs natures étaient faites pour se comprendre et s'apprécier mutuellement.

Mgr Petit était un homme éminent, un maître incontesté. Sa puissante personnalité a été diversement appréciée, et son mérite fut parfois méconnu. Il eut pourtant de beaux gestes qui lui valurent l'admiration de ceux-là mêmes qui ne partageaient pas ses idées.

Son langage élevé dénotait une vie intérieure intense. Il savait tout surnaturaliser : son âme vivait sur les sommets et ne se prêtait qu'avec effort aux tracas de sa lourde charge.

Il devait compter avec une santé délicate et fragile qui lui fut toujours une épreuve. Nature très fine, il avait des délicatesses exquises, mais il n'était vraiment à l'aise et ne mettait à l'aise que lorsqu'il se sentait compris et qu'il voyait quelque bien à faire. Hors de là, son humeur taciturne tenait à distance. Il fallait percer l'écorce pour goûter la saveur de son commerce tout spirituel.

L'abbé Lagardère, très digne et réservé lui aussi, avait besoin d'être prévenu, encouragé, presque deviné pour s'épanouir et laisser voir les trésors de sa riche nature. Le maintien distant de Mgr Petit refroidissait singulièrement les élans de vénération de l'humble mais fier secrétaire, franchement inapte à faire la cour à qui que ce fut, et de quelque façon que ce fut. La noblesse et la droiture de son caractère répugnaient à l'emploi des petits moyens qui vous font valoir : âme de chef, rebelle à tout amoindrissement, il avait besoin de se sentir comme il disait « franc de collier ».

Ainsi ces deux belles âmes d'évêque et de prêtre que rapprochaient leurs mutuelles qualités, se trouvaient séparées par leurs caractères. D'où un certain malaise dans leurs rapports quotidiens, malaise qui devenait souffrance pour le subalterne tenu davantage au silence.

Il dira plus tard que durant les deux années passées au Puy, il ne fut pas lui-même. Il ne pouvait pas l'être ; mais il ne laissa jamais percer le moindre mécontentement. Ses paroles exprimèrent toujours la plus profonde vénération et la piété la plus filiale pour celui qu'il appelait son « père en Dieu » et il lui garda une affection que nulle vicissitude ne put altérer[1]. Et puis à pareille école, il avait à gagner beaucoup. Trop intelligent pour s'y méprendre, il se fit souple par vertu et disciple par devoir, en s'appliquant du mieux qu'il put à dominer sa fougueuse nature.

Les circonstances autant que les hommes l'aidèrent dans cette tâche et le poussèrent à acquérir cette maîtrise de soi dont plus tard il fera si grand cas.

Par nécessité de situation, il dut contenir les forces d'apostolat pressées de déborder pour arroser largement les terres stériles. Il fallut les renfermer dans une tâche féconde sans doute, au centre de la vie ecclésiastique, mais enfin dans une tâche cachée, secrète, comparse ignoré du général d'armée qui règle de loin la bataille dans laquelle on brûle de faire le coup de feu !

Tout à son travail de secrétaire particulier,

----

1. Les pages qu'il écrivit à sa mort dans la *Semaine Religieuse : Le deuil du diocèse*, 11 *décembre* 1909, exprimaient des sentiments profondément sincères et vrais.

l'abbé Lagardère n'a guère, au Puy, de rapports officiels qu'avec son évêque. Avec le clergé, il a peu de relations. S'il fut demeuré, sa valeur sacerdotale eût fini par s'imposer : il resta trop peu pour pouvoir prendre vraiment pied dans un pays fermé à la nouveauté et cristallisé dans le souvenir par la richesse de son passé.

On le jugeait généralement très réservé et très froid. « J'ai pu paraître tel, avouait-il ensuite, car je me sentais un inconnu. Mais au fond, j'ai aimé le Puy, son clergé, et j'étais très touché de la moindre avance à mon égard. »

Trop timide et trop fier pour se produire, il resta dans l'ombre de Mgr Petit, forcé au surplus de tenir compte de certaines inimitiés qui ne voyaient pas de très bon œil les succès de ce jeune abbé étranger.

Quand son ministère le met en contact avec quelques prêtres du diocèse, il s'applique, suivant les conseils d'un ami sage, à montrer la prudence, le tact, la simplicité, l'esprit surnaturel que demande « ce monde difficile ».

Une des œuvres préférées de l'abbé Lagardère, au Puy, fut le catéchisme des jeunes gens de l'école Saint-Michel. Le professeur de Saint-Caprais se retrouvait avec joie au milieu des collégiens. Il sut rendre ses catéchismes si intéressants que les enfants étaient avides de son enseignement. « Dans la pénombre d'une chapelle de la cathédrale, racontait-il, je voyais tous les yeux de ces chers petits braqués sur moi ; ils buvaient mes paroles et je me sentais heureux de les instruire de Dieu, de leur distribuer le pain de la vérité. »

Le soir, il faisait des conférences aux grands élèves de l'école. Il était aussi leur confesseur. Ce groupement prit bientôt allure de Cercle sans en porter le nom[1]. C'était une première réalisation des projets caressés par l'étudiant du Séminaire Français entre deux cours de dogme.

L'abbé fut appelé vers la même époque à dépenser son zèle en faveur d'un autre pensionnat — celui-ci pensionnat de jeunes filles.

Le chanteur de la schola de Santa Chiara était devenu maître des cérémonies à la cathédrale du Puy où il chantait de sa belle voix harmonieuse les psaumes qui faisaient rêver son enfance. Mgr Petit désira que les Vêpres fussent chantées en plain-chant alterné par le clergé et par les fidèles, selon la belle tradition chrétienne de jadis, où chacun associait sa voix pieuse à la prière commune. Il envoya l'élève de Dom Pothier au pensionnat de Vienne tenu par les religieuses de l'Instruction, afin d'y exercer le chant liturgique. Vienne accueillit volontiers le professeur, et la Supérieure de l'établissement, Mère de l'Enfant-Jésus, l'apprécia si bien, qu'elle lui demanda des conférences religieuses pour le pensionnat. Il s'y prêta avec empressement

---

1. Ce fut le noyau de l'Amicale Saint-Michel, société catholique de gymnastique qui est florissante aujourd'hui.

— il ne demandait qu'à donner — et son zèle porta des fruits abondants. Chaque vendredi, maîtresses et élèves se pressaient aux conférences où l'abbé Lagardère les instruisait de sa parole ardente, « parole si pure, si élevée, si au-dessus de l'humain, disait l'une des élèves, qu'elle exerçait une véritable attraction ». Celle qui parlait ainsi, gratifiée plus tard de la vocation religieuse, s'en croyait en partie redevable à celui qui l'avait alors si profondément édifiée. Ses compagnes subissaient comme elle, plus ou moins, « l'attraction » de l'âme apostolique : toutes recherchaient le conseil de leur conférencier.

Il avait un confessionnal à la cathédrale et commença là quelques directions qui lui demeurèrent fidèles jusqu'à la mort. Mais son influence ne laissa pas de provoquer ombrage. Il fallut se tenir sur la réserve et faire le bien très discrètement. Un petit nombre de privilégiées seules continuèrent à bénéficier de cette direction appréciée. L'évêque lui donna une sorte de consécration, lorsqu'il fut nommé à Besançon, en remettant lui-même aux mains de son prêtre, les âmes d'élite que son éloignement et ses nouvelles charges l'obligeaient à priver du secours religieux qu'elles trouvaient en lui.

Nous reviendrons plus loin sur la mission du directeur de consciences qui commença ainsi et qui prit le meilleur de cette vie sacerdotale.

Mentionnons encore, discrètement ici, la

tâche familiale que l'abbé Lagardère assume à
cette époque, poussé par son grand désir d'aider
les siens et de les élever, non point tant dans
l'ordre social — il n'échangerait pas « les titres
de vertu familiale pour tous les titres de
noblesse » — mais pour les élever dans l'échelle
de la valeur morale qu'il estime au-dessus de
tout bien. Il avait tenté déjà cette œuvre à
Saint-Caprais avec un jeune frère, il rêvait de
la reprendre avec les enfants de sa sœur.

La Supérieure des religieuses de l'Instruction
lui en fournit le moyen en offrant de prendre
dans sa maison, malgré leur jeune âge, une,
puis deux petites nièces qu'il chérissait.

Leur mère, surchargée de soins et de travaux,
manquait du temps nécessaire pour s'occuper,
au gré de l'oncle, de l'éducation de ses filles ;
puis, elle ne savait rien refuser au frère aîné
qu'elle aimait et vénérait : elle lui confia les
chères petites, presque des bébés encore, auxquelles Mère Marie de Jésus prodigua des soins
maternels. Les jeunes frères succéderont plus
tard à leur tour, auprès de l'oncle, aux sœurs
grandies.

Ce que furent pour lui ces enfants, quels
trésors de sollicitude et de tendresse il déversa
sur leurs petites têtes blondes, il suffit pour
s'en rendre compte, de lire les lettres exquises
qu'il leur adressait après avoir quitté le Puy
pour suivre à Besançon, Mgr Petit.

Ces âmes enfantines étaient la fraîche oasis

où le cœur de l'homme altéré de pures amours pouvait puiser sans offenser la sainteté du prêtre. Elles étaient encore le lien qui le rattachait à la famille, au pays, toujours intimement regrettés. Les petites mains bienfaisantes durent adoucir plus d'une fois les amertumes poignantes que d'autres mains versaient dans la coupe de l'apôtre.

Le 3 février 1894, Mgr Petit était nommé archevêque de Besançon. L'abbé Lagardère l'y suivit. Il laissait au Puy déjà de chers souvenirs, un peu de sa martiale jeunesse et bien des élans de son âme, avec des déceptions, des chagrins, des joies aussi. « Une partie de mon cœur est restée à Notre-Dame de France et du Puy[1] » écrira-t-il, vingt ans plus tard, en se remémorant le passé.

La vieille Séquanaise de Saint-Ferréol et de Saint-Ferjeux, offrait à l'abbé Lagardère un milieu propice à ses vivantes convictions apostoliques.

Il retrouvait par ailleurs à Besançon l'essentiel des atmosphères où, successivement, il avait pris l'habitude de respirer, de penser, de se mouvoir : la solide base de l'ordre romain qui montait la garde aux portes de la ville, l'Espagne austère et ardente dont les marques demeuraient dans les robustes édifices du temps de Charles-Quint ; le luxe rutilant du XVIIIe siècle ; les

____

1. Lettre au Carmel, 1917.

munificences d'un cardinal Granvelle, les fer-
veurs humaines et divines d'un Rohan, prince
du sang et prince d'Église.

Le prêtre agenois attaché à la fortune de
Mgr Petit, allait vivre là vingt années d'une
existence puissante et pleine, dans les épreuves,
les luttes et les travaux, en vrai chevalier du
Christ, toujours sur la brèche, toujours veillant,
et, pour la cause sacrée, toujours guerroyant.

La Franche-Comté ne fut pas tout entière
accueillante au nouveau venu. Elle fait à ses
fils un tempérament froid et prudent qui ne les
prédispose pas à la sympathie pour l'étranger.
On sait avec cela, les défiances instinctives qui
attendent partout le prêtre déraciné de son
diocèse.

L'abbé Lagardère eut à vaincre bien des
difficultés, à dominer bien des chagrins.

Il est juste de reconnaître qu'il trouva aussi
de fermes appuis et de chaudes affections, non
des moindres.

L'épreuve vint à lui d'abord par un autre
chemin. On ne peut s'abstenir de parler ici
d'un homme qui eut un rôle regrettable dans
les rapports de l'archevêque et de son secrétaire.

L'abbé L. était professeur au Puy, au grand
séminaire. Il connut là Mgr Petit et prit assez
vite une influence sur le prélat un peu flottant
et indécis. Quand l'archevêque vint à Besançon,
il amena avec lui l'abbé Lagardère, mais il se

fit suivre peu après de l'abbé L. Ne pouvant occuper deux secrétaires particuliers : il penchait tantôt à garder l'un, tantôt à garder l'autre. Finalement, il arriva ce qui devait arriver : la place resta à celui qui déploya pour la prendre le savoir-faire et les ruses de guerre auxquels répugnait naturellement le moins habile et le plus loyal des deux. On peut croire aussi que Mgr Petit jugea préférable de dévouer à l'apostolat extérieur le prêtre qu'il connaissait ardent et généreux, avide de distribuer le trop-plein de son âme.

L'abbé Lagardère gardant un bureau à l'archevêché, passa au rang second dans le service et l'affection du prélat. Dis rédit qui abreuva son âme d'amertume. Il n'en laissa rien paraître et souffrit en silence après et durant ces mesquines luttes, demandant au travail et à la prière la force de se vaincre. A peine un mot trahit-il parfois les angoisses de son cœur. « Ne pas nous justifier ou nous plaindre au secrétariat, lit-on dans ses méditations à cette époque, ne point parler de nos peines, de nos désirs même les plus légitimes : nous taire. Il importe que nous pratiquions l'entière abnégation de notre propre volonté. »

Il se refuse jusqu'au droit de juger son archevêque : « Mon Dieu, faites que je sois un prêtre anéanti, passant ma vie à scruter les écritures, à chercher et à prêcher la vérité, mais ignorant des faits et gestes de ceux qui sont mes chefs :

je baise leurs mains, je les vénère, parce que je vous vois en eux. »

Il s'attache au contraire à relever chaque geste qui prouve l'affection persistante de Mgr Petit et son estime profonde. « Cet homme a pour moi toutes les délicatesses », écrit-il à l'occasion.

La séparation consommée, il garde la même attitude discrète et respectueuse. Un jour, hors du diocèse, un prêtre qui avait eu des rapports avec Mgr Petit durant son séjour au Puy, apostropha ainsi l'abbé Lagardère : « Et votre remplaçant auprès de Monseigneur, qu'en dites-vous ? — Rien, répondit l'abbé avec un calme imperturbable. — Monseigneur en est-il content ? continua le vieux prêtre qui aimait celui qu'il interrogeait. — Je n'en sais rien, fut toute la réponse, tandis qu'un bon sourire éclairait la physionomie de l'ancien secrétaire, ne laissant rien soupçonner de ses sentiments et chagrins intimes.

Quand Mgr Petit devra par la suite remercier son remplaçant, l'abbé Lagardère gardera la même réserve. Aucune parole de blâme ne viendra ternir sa charité silencieuse.

Il n'en éprouva pas moins une tristesse profonde de cette situation et son cœur ne s'en consola point.

En 1916, en pleine guerre, il témoignait pour Mgr Petit, de sentiments intacts ; « Pauvre saint archevêque ! écrivait-il à son Carmel, j'ai encore dit la messe pour lui avant-hier, et mon cœur y reste attaché plus encore que de son vivant. Priez aussi pour lui : il fut mon Père, je fus son fils, nous n'aurions jamais dû nous séparer. »

CHAPITRE VI

L'aumônier des cloîtres

Le 24 novembre 1894, la *Semaine Religieuse* de Besançon annonçait officiellement la nomination de l'abbé Lagardère à l'aumônerie du Carmel.

Il racontait ainsi lui-même, à un vieux prêtre, ami intime, la scène initiale de cette nomination.

« Un jour, après dîner, nous faisions une partie de billard à l'Archevêché avec Mgr Petit et d'autres. On parlait de changements de prêtres dans le diocèse et il s'agissait de donner un aumônier aux carmélites qui étaient trop pauvres pour lui assurer un traitement.

A un moment, Monseigneur se pencha vers moi, et me dit : « Accepteriez-vous ? — Mais,

Monseigneur, répondis-je surpris, je n'ai pas prévu et suis dépourvu de tout pour me mettre en mon ménage : je n'ai pas de local, pas de mobilier, rien.... — On vous donnera le local, quant au mobilier, je vous ferai les premières avances. »

Voyant que tout cela était déjà arrêté dans la pensée de mon archevêque, j'acceptai ».

C'est ainsi que l'abbé Lagardère quitta l'Archevêché pour s'établir rue de la Vieille-Monnaie, dans la maison voisine du Carmel où devaient prendre naissance tant d'œuvres, au prix de tant de travaux et de soucis !

Il n'avait pas sollicité son nouveau ministère. Il ne fit rien pour le refuser.

« Quand certaines âmes sont arrivées à un degré donné de vie spirituelle, écrivait-il un jour, elles ne font plus rien d'elles-mêmes, elles obéissent à Dieu. Les causes les plus élevées, les fins les plus parfaites ne suffisent pas par elles-mêmes à les faire agir et ne leur paraî-traient pas justifier leurs œuvres si elles venaient à les déterminer. Elles sont à Dieu et la seule volonté de Dieu est le ressort qui les fait agir, comme le but qu'elles veulent atteindre. » Ainsi l'abbé Lagardère considérait-il en toute chose la volonté divine. Les événements étaient à ses yeux les ministres de la Providence et il obéissait à leur signe avec une fidélité parfois héroïque.

En l'occurrence, malgré toutes difficultés, le

secrétaire n'eut jamais, de lui-même, quitté le service particulier de Mgr Petit. De son côté, le prélat tenait trop à son prêtre pour l'éloigner tout à fait de sa personne.

On tenta des démarches auprès de lui, en 1906, pour savoir s'il consentirait à laisser partir l'abbé pour un autre diocèse : « Non, dit-il nettement, sauf son express consentement et pour un bien absolument supérieur ». L'intéressé, consulté, répondit simplement : « Je suis à la volonté de Dieu. De moi-même : jamais ».

Le geste qui l'éloignait de l'Archevêché en le désignant pour l'aumônerie du Carmel était, somme toute, un geste bienveillant : il mettait à l'aise les caractères sans complètement séparer les personnes ni surtout les cœurs.

Cette nomination étonna les observateurs superficiels qui ne voyaient de l'homme que l'extérieur. On se fut représenté plus volontiers cette martiale figure chez un colonel de cavalerie que chez un aumônier de couvent cloîtré. Et c'était avoir une idée, en partie juste, mais bien incomplète du prêtre admirable qui allait être, durant quatorze ans, pour les Carmélites, un vrai père. Mgr Petit connaissait mieux celui auquel il confiait la mission délicate de gouverner une communauté de femmes. Il jugeait son ardente activité ce qu'elle était : l'épanouissement d'une âme profondément intérieure et vraiment mystique. L'avenir justifia son choix. Les témoignages sont unanimes sur l'œuvre de

sainteté que le nouvel aumônier édifia dans son
cher Carmel et dans tous les cloîtres où il passa.

Le pieux public des chapelles n'était rien
moins qu'assuré d'un tel résultat. Il ne manqua
pas d'en clabauder ; ce qui donna à l'aumônier
l'occasion de préciser ses desseins spirituels.
« Il y en a qui s'imaginent que je viens avec
l'intention de réformer le Carmel. Non et oui :
je viens avec l'intention de me réformer et de
réformer les autres. — Et vous croyez que ce
n'est rien, un saint de plus ou de moins ? »

Tout son programme était là. Pénétré de
cette pensée, il se met à l'œuvre. Appelé à
sanctifier les autres, il va s'efforcer d'abord de
se sanctifier lui-même en pratiquant le premier
les préceptes, voire les conseils de la règle qu'il
doit prêcher.

Mais il n'a pas attendu ce jour pour travailler
à l'enrichissement de son âme. Dès l'aurore de
son sacerdoce, l'abbé Lagardère a cultivé avec
un soin jaloux les dons surnaturels. Il faut
entrer dans le sanctuaire intime du cœur pour
dégager la rare noblesse et la constante unité
de sa pensée, pour découvrir la qualité du feu
qui le brûlait.

Tout l'homme est en germe dans l'étudiant
de Santa Chiara dont nous avons entrevu la
vertu généreuse. L'avenir ne sera que l'épanouissement des vertus promises et la réalisation
des idées qui peuvent après coup s'appeler
des intuitions. L'âme demeurera si semblable

à elle-même — ainsi que nous l'avons noté déjà — que ses manifestations postérieures seront l'écho fidèle des heures de jeunesse où l'on chercherait vainement un mot — de ceux qui sortent du fond de l'être et traduisent sa vérité essentielle — qui n'ait son illustration ou son commentaire par la suite, dans les jours féconds de la maturité.

Quelle était donc la vie spirituelle du jeune prêtre à l'époque de sa formation romaine ?

Le surnaturel règle déjà ses sentiments, ses pensées, ses gestes quotidiens. La vie aussi bien que la mort en sont transfigurées : il ne craint pas celle-ci, il demande à celle-là les plus belles réalisations. « Vivre, pour lui, c'est agir, c'est s'élever, c'est grandir... c'est regarder en face l'adversité... Vivre, c'est apprendre à se vaincre, c'est se donner, car le bien aime à se répandre... c'est se perdre en Dieu », c'est en fin de compte préparer ici-bas, en soi, l'éclosion de la vie divine pour laquelle nous sommes créés et qui fait le prix inestimable de la vie humaine.

Quand on envisage les jours à la clarté de cette connaissance tout devient lumineux. Que l'amour s'y ajoute et tout devient possible.

L'abbé Lagardère avait la piété profonde et vraie qu'engendrent les convictions solides et qui se traduit en actes féconds. Il goûta peu aux douceurs de l'amitié divine et s'en plaignait parfois dans ses cahiers intimes : « il me faut aimer mon Sauveur avec un cœur endolori et supra-sensible. Et qui plus est, c'est là ma vocation : jusqu'au dernier soupir mon amour sera de ceux qui naissent de la force et de la douleur, non de la tendresse et de la simplicité. »

Il est vrai ; mais cet amour y gagnera en qualité et en puissance : il ne se paiera pas de mots et ne se contentera pas à moins de sacrifices, témoignages incessants, obligeant l'âme à déployer les énergies qui haussent un homme au-dessus du vulgaire. Grâce à quoi celui-ci ne sera point un médiocre. Sa vie sera marquée au coin de la grandeur, cette qualité par laquelle un être se dépasse lui-même, domine ses faiblesses et conçoit sans cesse, dès l'effort accompli, une action nouvelle qui laissera derrière lui une bienfaisante trace.

Mais pour être maître en son divin métier, le futur conducteur d'âmes doit passer par l'école de la souffrance ; il doit connaître la lutte pour compatir et pour enseigner sciemment à vaincre. Le prêtre qui devait diriger des carmélites dans la voie de la perfection, mesura de bonne heure la faiblesse de l'homme « aujourd'hui capable de verser son sang pour la plus sainte des causes ; demain débilité et affaibli par je ne sais quelle ombre qui passe. » Il sentit la vérité de la plainte toujours vivante de saint Paul désirant le bien à l'heure où il accomplit le mal détesté. Perturbation causée par le péché dans l'œuvre harmonieuse de Dieu, déséquilibre qui attire en bas celui qui aspire à la vie d'en haut : le nouveau disciple, après l'Apôtre, connaît cette angoisse. Mais pas plus que Paul il ne se décourage : « il se livre dans mon âme des combats terribles, écrit-il... Mais je sais toujours quelle en sera l'issue, parce que j'ai placé mon espoir en Dieu. »

A qui ne laisse pas de lui témoigner un peu de l'admiration que sa vertu fait naître, il répond avec une franche simplicité : « Les saints de mon espèce ont besoin de quarante ans d'épreuves et de souffrances pour avoir une place là-haut : ils ont voué leur vie à la croix et ils ne veulent connaître, aimer et goûter que la croix. »

N'est-ce pas le grand langage des parfaits qui jugent avec la clairvoyance du détachement ?

Comme eux, l'abbé Lagardère connaît la valeur de la souffrance : il l'apprit, dès l'enfance, des larmes de sa mère. « La souffrance, dit-il, est pour mon cœur comme la tempête à l'égard de l'océan ; elle l'empêche de se corrompre ; elle lui donne un vif élan vers les choses d'en haut. »

Aussi accueille-t-il la douleur en amie : douleur d'homme qui n'est ni mièvre, ni morose, ni épuisante ; croix austère qu'il porte virilement comme le soldat porte l'épée, croix bénie parce qu'elle fait sentir au prêtre le prix et l'importance de la miséricorde, parce qu'elle attendrit son cœur et l'incline vers les pécheurs et les souffrants ; croix aimée parce qu'elle exalte sa vie surnaturelle et le fait plus semblable à Jésus crucifié.

Sans doute la sensibilité se rétracte à l'approche de la dure visiteuse, mais la foi règle ses affections et du même coup, hausse sa vie au niveau de la croix. Il déclare fièrement sa prédilection : « J'épouse aujourd'hui la croix avec son cortège de misères humaines... je ne veux plus que la sainte pauvreté du délaissé... »

Dieu l'entend et lui donne le dénuement auquel aspire sa volonté surnaturelle. C'est, avec Rome, l'exil si dur au cœur de l'homme ; c'est la fièvre qui dessèche le corps, la migraine qui martèle le front en mal de pensée ; c'est la méconnaissance des uns, l'oubli des autres, les jugements méchants ou pervers du monde ; ce sont les peines de famille qui s'ajoutent les unes aux autres et font saigner le cœur ; c'est l'égarement de la brebis infidèle — la pire douleur pour ce cœur de prêtre et qui jusqu'au dernier soupir pèsera de tout son poids sur ses épaules blessées ; — c'est le tourment de l'infini qui laisse l'âme béante après le divin. Quand l'assiégeaient ces angoisses, les larmes du célébrant « se mêlaient dans le calice au sang du Christ » sur l'autel de Santa Chiara. Il ne pouvait se tenir de gémir en offrant à Dieu le sacrifice. Mais aussitôt, de se reprendre et de se gourmander : « est-ce donc que Dieu m'a fait prêtre pour me combler de joies ? est-ce qu'il m'a fait prêtre pour aller perdre mon temps à pleurer comme les enfants ou les femmes ? Non certes. Quand il m'a fait prêtre, il m'a mis une croix à la main gauche, une épée à la main droite et il m'a dit : « va ! je serai ta récompense et ta force ».

Et il va, selon l'ordre du Maître, portant les croix qui se présentent et de plus, mortifiant son corps — si le mal physique ne s'en charge pas aux jours pénibles qu'il nomme « les jours de récompense du Sauveur ». C'est ainsi que, malgré les fatigues du climat romain, il assistait aux cours du matin à jeun, « chose rarissime » signale un de ses condisciples, pour célébrer la sainte Messe à dix heures seulement au Séminaire Français.

A ceux qui le blâment et lui disent que l'homme est un composé harmonieux dont les deux parties méritent les mêmes égards, il répond en invoquant l'autorité de sainte Thérèse qui « certes, n'était pas une rêveuse. Je n'hésite pas, ajoute-t-il, à penser comme elle... Cette petite masse de boue (le corps) par les lois mêmes de sa nature, est toujours prête à descendre dans les régions inférieures et, augmenter son volume par les soins qu'on lui donne, c'est augmenter son attraction : il n'est donc pas permis d'être sobre sur ce point avec sobriété, parce que cette sobriété est ce qu'on appelle la prudence humaine et la prudence humaine est toujours courte par quelque endroit. »

L'expérience le dit : « c'est à force de sacrifices qu'on devient maître de soi » et qu'on arrive à « se dégager de la matière pour vivre de la vie élevée et pure ». C'est quand la nature est vaincue et quand Dieu en occupe la place, que l'homme peut réaliser ces merveilles de résurrection morale dont le désir hante l'apôtre songeant aux âmes mortes... Mais il faut pour cela « vivre de sacrifices, en vrais hommes de fer » ; et quelles luttes supposent ces quatre mots pour l'homme robuste et plein de vie ; quelle formation dure et lente où sans cesse il doit revenir à la charge. « On a beau dompter le corps, lui imposer pour lit de repos la planche du chartreux, pour vêtement la haire, la lutte est toujours à recommencer, » gémira l'âme asservie. Puis, aussitôt redressée, elle ajoute : « L'homme peut-il être plus grand que lorsqu'il se voue à l'expiation et qu'il étreint contre son cœur les douleurs de ses frères ? »

Le noble langage ! Qu'il fait bon entendre de tels accents de la bouche d'une créature quand l'humanité se dégrade si volontiers, quand l'homme s'acharne à se diminuer lui-même et à vivre si petit ! Celui-là du moins rehausse la vie humaine. Fermant l'oreille aux sollicitations d'en bas, il écoute la voix sublime du Maître, la voix du Christ qui veut associer le disciple à sa rédemption. Dans son dépouillement voulu, du fond de cette région singulière où les mystères religieux sont vus du dedans, où les réalités divines s'éclairent, il peut regarder la croix comme « son aliment quotidien et substantiel » et appeler « de toutes ses prières les épreuves de la vie, tant il a peur de paraître devant Dieu les mains vides ! »

Animée de pareilles dispositions, une âme laisse Dieu la travailler tout à son aise. Il dégrossit le bloc, il taille ici, retranche là. « Le cœur saigne quelque temps, puis la plaie se referme et le prêtre gagne tout ce que l'homme perd[1]. »

Dans le feu de l'épreuve, il devient cire molle où l'artiste divin refait la statue à son image. Un jour viendra où il ne restera plus rien en elle de la nature de péché, où tout y sera l'œuvre des mains divines. Mais cette œuvre sera le fruit de toute une vie constamment orientée vers le même pôle et vigoureusement redressée à la moindre déviation. Admirable rectitude qui, du matin de la journée jusqu'au couchant maintient la vie dans la voie rude et laborieuse où s'engagea la noble volonté d'une fière jeunesse.

On peut dire que l'abbé Lagardère apportait au Carmel un esprit d'avance conforme à son esprit et qu'il arrivait, en l'an de grâce 1894, résolu à ne rien demander qu'il ne donnât lui-même. Grand admirateur, ou mieux, disciple

---

1. Lettre de Rome 1890.

fervent des rudes soldats de l'Église, il aimait d'un amour de conformité les Paul, les Augustin, les Jérôme, les Bernard, tous ces grands vivants courbés sous le joug de la pénitence.

À l'école d'une Thérèse et d'un Jean de la Croix, il s'affermit dans ces idées de sainteté et de sacrifice ; elles deviennent la moelle de son âme. Sa fine nature qui s'assimile avec une sûreté de discernement remarquable les plus riches substances des lieux où il passe et des êtres qu'il coudoie, prend à l'esprit carmélite le plus pur et le plus fécond de sa vertu.

Il dira, après le fameux discours sur l'expiation dont toute la France retentit en 1915 : « ces idées, je les dois au Carmel ; c'est à son ombre que je les ai apprises, cultivées, vécues et qu'elles ont saisi toute mon âme ». Il exagérait à peine l'influence de la sainte maison. Cependant, si les grandes pensées rédemptrices ont envahi cette âme, c'est qu'elles avaient germé depuis longtemps dans le cœur. La rosée monastique n'eut qu'à tomber sur elles pour faire éclater en large fleur de pourpre le bourgeon tout gonflé.

Lui-même contait à ses Carmélites qu'il enseignait la doctrine du sacrifice, au temps du sous-diaconat, « à un professeur prêtre qui n'y comprenait rien » — tant l'homme est naturellement fermé à ces vérités qui renferment toute l'économie divine de la rédemption !

Un jour, parlant à une prise d'habit, chez les

Cisterciennes, l'aumônier du Carmel en prend occasion pour développer les idées de saint Jean de la Croix sur la souffrance et l'un des vicaires généraux[1] qui se trouvait là de lui dire ensuite, devant une nombreuse assemblée, qu'il « avait exagéré » et qu'il « était un original ». Il bondit sous la critique et en profita pour reprendre les idées émises une à une et essayer de les faire pénétrer dans l'esprit des gens qui l'écoutaient. « En vérité, ajoutait-il, notant l'incident et tout frémissant encore, je ne crois pas que ces hommes connaissent la vie mystique... »

Pour lui, initié de longue date, la fréquentation des âmes claustrales ne pouvait que préciser et accroître le sens du sacrifice et de la douleur chrétienne. « Les contemplatives, disait-il, sont les colonnes vivantes d'expiation qui soutiennent le monde. »

C'est pourquoi il estimait hautement la vocation des orantes et des sacrifiées volontaires que notre société rationaliste, fermée à la notion de rachat ne comprend plus. Il appelait les Carmélites : « les Mères de la Patrie ». Il les défendra, la guerre venue, jusque au milieu des camps, à la table de la « popote » où l'aumônier militaire avait son franc-parler.

— « A quoi servent les ordres contemplatifs ? lui disait-on un jour.

_____

1. Mgr DUBILLARD, plus tard évêque de Chambéry.

— Monsieur, à faire bénévolement et toute la vie durant ce que vous faites sur commande pendant la guerre. Les femmes qui sont là souffrent, elles travaillent et elles sauvent leur pays en priant pour vous. Quand vous les chassiez, elles vous sauvaient et elles vous sauvent encore. Et si elles ne vous avaient pas pardonné, si elles n'étaient pas là, malgré vos canons, vos avions et tous vos engins, vous seriez perdus.

Çà vous fait rire, hein, ces naïvetés-là ? Le nègre rit aussi quand on lui dit qu'on va lui faire de la lumière électrique avec de l'eau : il ne comprend pas. Et la lumière luit tout de même et éclaire. Pauvre nègre et pauvres gens, vous niez le soleil parce que çà vous dépasse ? Le soleil luit et réchauffe tout de même... »

Convaincu de la nécessité du sacrifice dans l'économie surnaturelle du monde tel que le constitua la justice divine après le péché, l'abbé Lagardère sait qu'il n'y a pas de vie sociale ni de vie morale sans mortification.

Les soldats des tranchées paraissent, à ses yeux habitués à voir les causes premières, comme des moines d'un nouveau genre, substitués malgré eux aux moines volontaires et que « la patrie voue au célibat, aux privations et aux travaux forcés parce qu'elle a besoin de leurs sacrifices, de leur discipline monacale et de leurs travaux pour vivre » : existence inconcevable qui dépasse en rigueur tout ce que l'Église, patrie des âmes, permit jamais à ses religieux et qui n'équivaut pas aux pénitences des volontaires de la souffrance.

L'aumônier du Carmel se range librement dans ces militants de la Croix. Dur à lui-même, comme tout homme valeureux, il traite rudement « la bête », n'écoutant jamais la fatigue et ne permettant à la maladie de l'arrêter que l'espace strict du temps où elle le terrassait. Pour le reste, accablé parfois par le mal, il n'en tenait pas compte et se levant, il confessait, parlait, travaillait comme aux jours ordinaires.

C'était, à vrai dire, un tempérament de fer. Il avait hérité de toute la vigueur paternelle avec « ce quelque chose de sauvagement mâle » qui semble plus dans les attributs du moine des thébaïdes que du prêtre moderne, pour qui, du moins, n'a pas soulevé le voile derrière lequel se dérobent les nouveaux saints qu'enfante perpétuellement l'Église.

Un tel homme, nous le savons, n'était pas sans demander à l'ascétisme le secours de tous ses moyens pour marcher vers la perfection. Et surtout, fidèle à sa vieille méthode, il usait sans ménagement, sans relâche, de ce parfait instrument de pénitence, si fécond, qu'est le travail. Il avait fait de la sacristie du Carmel son cabinet d'études préféré et il aimait à écrire là, entouré de ses chers livres et à méditer, la porte ouverte sur le Tabernacle, en compagnie du Maître à qui il demandait le mot d'ordre de sa vie laborieuse.

C'étaient là ses veillées d'armes. Ce grand travailleur, accaparé par le service ne perd pas de vue la seule chose nécessaire. Il sait que l'agitation n'est pas l'action, que celle-ci s'exerce par l'exaltation de la vie intérieure dont la plus haute forme est la prière. Le cloître, on s'en souvient, sollicitait son amour du parfait. Mais on lui avait montré son devoir au milieu du monde : il eût regardé comme une lâcheté de fuir. Pris dans l'engrenage des œuvres d'apostolat, il deviendra simplement tertiaire de saint Dominique et il se contentera de la cellule intime accessible à tous ; il y cultivera, du mieux possible dans son fiévreux labeur, le magnifique jardin de l'âme que néglige le commun des mortels.

Puis, quand le feu d'une activité dévorante lui laissera à peine le temps matériel de la prière, il s'appuiera sur ses Carmélites. C'est en leurs oraisons, en leurs veilles, en leurs pénitences, qu'il espère pour la réfection de ses forces surnaturelles ; il compte sur elles pour rétablir l'équilibre et pour alimenter son zèle. Leur puissance d'intercession fait la force de ses œuvres. Pour ses prédications, pour ses publications, dans les chaires et sur les champs de bataille, toujours il demandera l'assistance des contemplatives. « C'est la prière des filles de sainte Thérèse que j'ai égrenée sur l'âme de mes fils toute la nuit », écrivait-il dans les journées tragiques de juillet 1918.

Le dogme de la communion des saints est l'un des plus chers à sa foi, l'une des vérités les plus tangibles, les plus vivantes pour lui, de la religion catholique.

Il s'en accommodait d'autant mieux que l'humilité était la base de sa vie spirituelle, l'une des sources inépuisables de son énergie. Il ne rêvait que de s'effacer lui, mais de rayonner la sainteté pour la gloire de Dieu.

Après une retraite prêchée dans un monastère, toute la communauté religieuse lui exprimait sa reconnaissance pour le bien que sa parole avait fait aux âmes ; il en parut ému et demeura silencieux et pensif. Puis il répondit : « Savez-vous ce que j'ai pensé en vous entendant me remercier ? Je me suis comparé à la petite bougie qui m'éclairait ce matin au saint autel. Ce maigre feu faisait rayonner l'or de la patène d'un éclat qui m'éblouissait presque... Ma parole ressemble à ce petit lumignon, tombant sur vos âmes ; elle y fait rayonner l'or de la plus pure charité. »

Un jour de novembre 1915, l'abbé Lagardère avait oublié sur la table de la salle à manger du G. B. D.[1] le livre de Mgr Gay : *De la Vie et des Vertus chrétiennes*, et le médecin-chef de lui

---

1. Groupe des brancardiers divisionnaire.

rendre en disant avec une aimable malice :
« Vous ne devez jamais vous séparer de vos
Vertus chrétiennes. — Vous avez raison, docteur,
répondit l'aumônier, et je m'humilie beaucoup
de les oublier si souvent. Je vais essayer de faire
mieux. »

Il lui arrivera, à la guerre, de s'occuper des
plus modestes besognes. A Prosnes, dans la
ferme abandonnée qu'il occupe, il lave et
repasse son linge d'autel ; un beau jour il
trait les vaches qu'on avait oubliées, devant
l'ordonnance qui se récuse. A l'occasion, il
fait le ménage dans ses gîtes de fortune, plutôt
que d'entendre grogner « Moussa[1] » rebelle au
travail.

Ce violent savait être si doux ! Ses contrastes
correspondaient à un équilibre admirable, maintenu par la foi qui greffait sur la nature l'œuvre
de perfectionnement individuel que Dieu diver-
sifie à l'envi, faisant de chaque être un élément
de l'universelle harmonie.

Il ne touchait aux âmes qu'avec un souverain
respect et professait la plus délicate charité.
S'il arrivait que l'on désapprouvât quoi que ce
soit, hormis le mal public et avéré, il coupait
court immédiatement à la conversation disant :
« ne jugeons pas... Dieu seul voit, Dieu seul
sait ».

---

1. Surnom qu'il donnait en riant à l'ordonnance, de la
division de Baratier.

C'était touchant de l'entendre excuser des ingrats à qui il avait voulu et essayé de faire toute sorte de bien : « Je préfère être trompé plutôt que de devenir soupçonneux et manquer à la bonté », avait-il coutume de dire.

Songeant à paraître devant Dieu, il pouvait se rendre ce témoignage : « à l'égard de tous ceux qui m'ont fait du mal, individuellement, familialement ou sacerdotalement, je n'ai jamais nourri la moindre haine ou la plus petite aigreur. Que Dieu leur pardonne comme je le fais moi-même et qu'il les juge comme je désire être jugé ».

Il mettait son attention à ne point donner consolation et compassion aux infortunes d'autrui avec parcimonie. Une vie ne lui paraissait belle qu'autant qu'elle était tout amour. La sienne fut ainsi : un grand amour de Dieu et des hommes pour Dieu. Et c'est par là qu'il fit ses plus belles conquêtes, c'est par là encore qu'il nous retient : parce qu'on sent en lui un homme dans l'entière et la plus belle acception du terme, un de ces hommes dont Bourdaloue disait qu'ils ont pour ainsi parler, « enté le christianisme sur le monde ».

Dans un cœur ainsi brûlant de charité, il faut le redire car c'est un de ses caractères les plus frappants, la volonté divine absorbe la volonté humaine à la manière du soleil dont la lumière, chaque matin, absorbe la clarté de l'étoile.

Sur la montagne du sacrifice où il se tenait de préférence, au pied de la croix, l'abbé Lagardère apprenait de jour en jour à adorer avec plus de soumission les desseins providentiels. « Je veux n'être rien, disait-il à Dieu, si ce n'est votre chose. Que les hommes fassent de moi ce qu'ils voudront, je ne demande qu'à être gardé par vous de tout mal... »

Voilà les accents de la nature la plus impétueuse courbée sous le joug divin, librement accepté.

L'aumônier du Carmel, devenu l'aumônier des camps, devra peut-être sa mort à cette oblation constante de sa volonté propre n'ayant pour mot d'ordre que la volonté de Dieu. Quand, en 1918, on lui proposa de partir pour Salonique, il répondit, fidèle à la méthode de toute sa vie : « commandez, j'obéirai... » S'il eut fait sa demande pour l'armée d'Orient, sans doute le Carmel l'aurait-il encore. Mais il fallait pour cela faire un geste de lui-même, pour lui-même. Moins que jamais il y était disposé : il attendit, fidèle à la pratique de toute sa vie, le signe de Dieu. L'ordre de départ ne vint pas : il resta à son poste. Ou plutôt, l'ordre, l'ordre divin était de mourir là : il se fit tuer.

Le prêtre qui marchait vers ces hauteurs surnaturelles était digne de conduire les autres à la perfection.

Ses carnets de méditation remplis de la même préoccupation, du même désir ardent de sainteté en sont un autre témoignage : « Seigneur, y lisons-nous, Seigneur je demande l'esprit d'abnégation et l'amour de la croix... Je suis bien trop vivant... je me recherche, je ne suis mort en rien... j'ai peur de me déchirer. Et pourtant, c'est dans ces déchirements et cette mort qu'est la vie... Il faut que je sois sans cesse en prière, en travail, en mortification, en apostolat. »

Et encore : « Seigneur plantez les clous : je ne veux être qu'un crucifié. Sanctifiez-moi. J'ai comme un immense besoin de sainteté... J'accepte tous les martyres, pourvu que vous fassiez de moi un saint. »

Ces désirs passent du cœur dans la volonté qu'ils animent. Que d'efforts dépensés pour atteindre l'idéal divin, pour maîtriser « le mal de nature », les mouvements impétueux de l'âme, pour se défendre de l'irritation, des violences qui trahissent l'homme dans le ministre de Dieu. Avec quel soin il évite le zèle chagrin et amer ! Il tend sans cesse au calme, dans la force, à la vigueur apostolique tempérée par la douceur, sans quoi « on blesse les âmes, on ne les guérit pas[1]. »

A l'exemple du Maître, il venait non pour perdre, mais pour sauver. Il s'y employa, auprès de ses Carmélites, de tout son cœur et de tout

---

1. Méditations.

son courage, gardant la sévérité pour les idées, donnant aux hommes la bonté.

Dans ce monastère du Carmel, il fut quatorze ans durant, le guide et le Père. Il exerça l'autorité dont il était revêtu, avec une surnaturelle réserve, jointe à une science spirituelle indiscutable, une vigueur apostolique qui aiguillonnait les âmes et les jetait dans le divin. Il menait ses filles d'une main ferme. Mais la même main qui abaissait — parfois rudement — relevait ineffablement ; mais cette main était conduite par un cœur pétri de dévouement, toujours prêt à donner et auquel on ne demandait jamais assez. Cet incomparable Père veillait avec une rare sollicitude sur ses filles en Jésus-Christ. Il s'informait avec un soin particulier des jeunes novices : « Avez-vous bien dormi ? leur demandait-il. Avez-vous bon appétit ? » C'était pour lui un grand chagrin quand on devait refuser une postulante : celle qui s'éloignait du saint asile le laissait indiciblement triste.

S'agissait-il du grand départ pour l'éternité ? Il passait des heures au chevet des religieuses mourantes, se relevant la nuit pour visiter les agonisantes et leur apporter le secours de son ministère ou simplement de sa présence réconfortante. L'une d'elles, éprouvée par de terribles tentations, craignant que le Père l'abandonnât une seconde aux affres de l'agonie — il n'y pensait guère — saisit son surplis dans ses doigts crispés et le retint jusqu'au dernier souffle. Il fallut desserrer l'étreinte de la morte pour rendre le prêtre à sa tâche auprès des vivantes.

Il fortifie les faibles, il pacifie et purifie au confessional, il prêche à la chapelle, il enseigne au parloir, multipliant les conférences : tout lui est occasion d'élever les âmes, de les nourrir de la Parole.

Parce qu'il se dépensait sans compter et donnait l'exemple de tous les sacrifices, il faisait accepter toutes les sévérités, toutes les saintes exigences.

L'habit ne fait pas la religieuse, et l'amour de soi, l'égoïsme subtil, le grand obstacle à la charité, le dernier retranchement de l'esprit mondain, peut se dissimuler jusque sous la bure. L'abbé Lagardère le savait et poursuivait sans relâche l'ennemi intérieur. « C'est par là, disait-il à ses religieuses, qu'il faut commencer l'œuvre de la sainteté : c'est l'amour déréglé de soi-même qu'il faut détruire, couper, arracher, car il est la racine tous nos maux... Le cloître ne fait pas, à lui seul, la solitude. Vivre dans la solitude, c'est être séparé de ses sens assujettis, de son imagination bridée, de sa raison soumise, de son cœur humilié, sacrifié.

« Travaillez à mourir parfaitement à vous-même, insistait-il, à vous soumettre à toute volonté de Dieu, si vous voulez jouir de la vraie liberté des enfants de Dieu, si vous voulez vivre en Dieu, de Dieu, pour Dieu. »

On ne va pas toujours impunément ainsi à l'encontre des volontés propres, contredisant, coupant, élaguant, même dans le monde des saints. Il arrive que des difficultés surgissent. Si passager que soit le malentendu, le cœur du Père s'en émeut : « qu'il est difficile de sauver une âme ! Le dur métier que celui d'apôtre ! » Mais « c'est par ce chemin douloureux qu'on va à la sainteté ». Aussi, reprenant courage, le serviteur du Christ « crie merci de tout », et Dieu aidant, il reprend sa tâche de manouvrier divin.

Mgr Petit étendit bientôt à d'autres moniales le bénéfice de ce gouvernement paternel.

L'abbé Lagardère fut nommé en 1899, supérieur des Cisterciennes de Notre-Dame de Consolation, vulgairement appelées Bernardines.

Pendant onze ans, avec un zèle tout surnaturel, il travailla à la sanctification de ses nouvelles filles spirituelles.

Lorsque les Bernardines, en 1910, demandèrent leur retour à Cîteaux, leur Mère, il encouragea le mouvement, pressant la communauté de se retremper aux sources de sa constitution. Il soutint puissamment les religieuses aux heures difficiles qu'une réforme ne manque pas d'entraîner avec elle. En butte lui-même aux contradictions, il mit tout son dévouement à surmonter les obstacles pour réaliser les changements exigés. Les Cisterciennes gardent pieusement le souvenir de cet efficace secours, et bénissent la mémoire de leur ancien supérieur.

L'action apostolique de l'aumônier du Carmel s'exerça dans d'autres couvents encore sans qu'il participât au gouvernement de ces maisons et par la seule influence spirituelle exercée sur les religieuses qu'il dirigeait — influence aussi discrète que profonde, toujours en harmonie avec celle des supérieurs réguliers et avec l'esprit particulier de l'ordre.

C'est ainsi que son « métier d'apôtre » le conduisit au monastère de Notre-Dame de Charité. On se trouvait, ce jour-là, dépourvu de prêtre pour donner l'absolution aux tertiaires. Quelqu'un proposa de recourir au secrétaire de l'Archevêché qui ne refusait jamais son ministère. Sollicité, il vint, s'acquitta de la mission confiée et reçut les remerciements de la Prieure en qui il trouva une âme, comme disait Mgr Gay, « accordée » à son âme. De ce moment, il prêcha maints sermons ou retraites à la Communauté.

L'abbé Lagardère se trouvait à l'aise au milieu de ces familles religieuses, vraies constellations spirituelles où chacun vibrait à l'unisson. Il s'épanouissait alors et trouvait de ces mots, de ces gestes de familière simplicité qui prenaient le cœur et mettaient un sourire sur les lèvres pures. C'était, pour ces âmes, l'ami compréhensif, dévoué à fond, vertueux et fort sans défaillances. Un tel ami est plus qu'un trésor, c'est comme la représentation vivante de Dieu.

Au Carmel surtout, sa personnalité rayonnait. Là, il était chez lui. Son pas ferme, sa voix chaude résonnaient avec assurance entre les murailles blanches. Il aimait passer ses rares instants de récréation dans le jardinet clos où fleurissaient les roses, alentour de la Vierge. Et combien de ses heures laborieuses s'écoulèrent dans la retraite choisie où l'âpre travail était tout baigné de la divine intimité.

L'ardent apôtre était bien « le fils du Carmel », comme il en était le Père. On y trouve encore, plus que partout ailleurs, son âme vivante dans les âmes et les choses ; on y sent planer la prière de son humilité : « Purifiez, mon Dieu, les âmes que je n'ai pas toujours su édifier : que ma pensée les ramène vers vous ! » C'est ici qu'il faut venir pour renouveler l'offrande de la victime et relire ces mots tracés là, sans doute, un matin d'oraison : « Je m'immolerai pour certaines âmes, en particulier pour celles à qui je dois le plus ou qui m'ont le plus fait souffrir. »

CHAPITRE VII

Le Conférencier

L'aumônier du Carmel, s'il répond à tout ce qu'on est en droit d'en attendre, n'est cependant point fait pour rester confiné dans les cloîtres. Son âme de feu déborde les clôtures ; sa parole brûlante demande des auditoires plus vastes que ceux des chapelles. A ne servir que dans une mesure restreinte, cette arme courrait le risque de se rouiller, cette flamme pourrait se refroidir.

Mais Dieu fait bien ce qu'il fait et tire le bien du mal. Le lien qui attachait l'abbé Lagardère à Mgr Petit, en se relâchant, allait permettre à l'apôtre de se manifester pleinement. Allégé de sa charge auprès du prélat, il peut suivre l'ardeur qui le presse et se lancer dans la prédication.

A cette époque, le conférencier est en pleine

force. C'est, en vérité, un beau combattant que l'homme dont la fière silhouette domine l'auditoire du haut de la chaire sacrée.

Le masque énergique, aux traits fermes et pleins, respire la fierté et la droiture. Les cheveux noirs dégagent un admirable front de penseur ; la bouche mince, volontaire, exprime, dans le sourire, l'esprit et la bonté ; l'œil étincelant fouille les âmes, regardant bien en face les hommes et la vie. Physionomie puissante, extrêmement changeante et mobile d'ailleurs, traduisant, si la volonté n'y veille, toutes les impressions de l'âme, jusqu'à se transformer complètement sous l'empire d'une contrariété, d'une pensée pénible qui renfrogne le visage et ternit le regard; puis, sur une faveur de Dieu, une sympathie, une chance de la vie ou un ressaut de la volonté, les traits retrouvent leur pureté de ligne, harmonisés soudain par le rayonnement intérieur de quelque noble sentiment ou de quelque grande idée.

Une vie intense passe ainsi dans le visage sérieux, mais non pas morne et que parfois illumine un éclair de franche gaieté. Les contrariétés imposées par la vie et les hommes ont discipliné la joyeuse humeur gasconne sans l'assombrir ; les mots heureux sont tout prêts encore à jaillir de l'esprit, vifs, exquis ou charmants à rendre envieux un cadet de Gascogne.

C'est émotif, par bonheur, est muni de freins solides pour réprimer la sensibilité, et le plus souvent, la surveillance de soi n'est déjouée que par une expression passagère du regard. L'impétuosité se change en force ; l'ardeur n'est pas détruite, elle se règle sous l'impulsion de la raison, étayée sur de solides moyens, servie par une volonté de bronze à laquelle les privations de toutes sortes ont donné une vigueur, une énergie de plus en plus grandes.

Appliquée au bien que l'esprit éclairé convoite, cette force morale, mise au service d'une conscience exigeante et sévère, est de la qualité de celle qui fait les héros et les saints.

Et certes, l'abbé Lagardère n'a rien de ces êtres neutres et inertes — les « mollusques », comme il disait — qui font de la vertu sans le savoir, qui produisent de l'honnêteté, de l'abnégation, comme un autre de la bile. Qu'est-ce qu'une vie sans passion ? Pour lui, sa vitalité s'affirmait justement par la passion asservie, orientée dans le sens de l'ordre et en quelque sorte fondée sur Dieu.

Il écrivait un jour de son âme, cette belle page qu'il faut citer tout entière : « Méridionale de naissance, monastique ou monacale de vocation, romaine d'éducation, ennemie de l'arbitraire autant que du laisser-faire, impérieusement dominée par le sens de l'ordre et de la loi qui fait de moi un homme de règle et d'autorité, sévère à l'excès, partisan de la réforme personnelle et de la réforme des autres.

Si j'avais l'honneur de diriger des hommes, je

voudrais les gouverner *in virga ferrea*, avec une main de fer, mais dirigée par un cœur qui saurait aimer jusqu'à mourir...

Mon esprit est ferme en ses assises, lumineux en ses vues... Je suis né grave... une forte discipline et la vue et le sentiment du péché ont pénétré mon âme du sérieux de la vie, et de la sainteté du devoir... Je crois que la vertu est la seule *grande lumière*. Ce n'est pas au cerveau qu'il la faut demander, c'est à l'action ; l'action fait de la lumière, la vertu seule donne de la vie aux idées : agir et être vertueux pour voir, voilà mon programme.

Et comment cela ? C'est par l'obéissance, c'est-à-dire par l'observation de la loi divine que l'homme reste baigné dans la lumière ; dès que, tourmenté du stérile besoin de satisfaire sa curiosité, il mange du fruit défendu, ce n'est plus qu'un imbécile en quête de vêtements pour cacher sa nudité. »

Vérité et vertu sont ainsi étroitement liées et le prêtre de Jésus-Christ les tiendra soigneusement unies dans sa mission de prédicateur.

« Il ne suffit pas, dira-t-il, de rencontrer sur son chemin un maître qui nous pétrisse le pain de vérité et nous en nourrisse quotidiennement ; il faut encore que nous ayons l'énergie de suivre ce maître, que nous vivions le regard fixé sur la Fin indiquée par lui, que nous lui donnions l'adhésion de notre cœur, de notre volonté, si nous voulons que s'évanouissent les obscurités et divergences, que disparaissent les voiles et les ombres nées de l'humaine misère, que la lumière ne cesse d'inonder notre âme. C'est la parole de Jésus : le cœur fait la vérité. »

Le prédicateur connaissait toutes les secrètes ressources de la religion et ses puissances d'adaptation : il usait largement de cette science pratique, appuyée sur la fermeté de la doctrine acquise à l'école du cardinal Billot.

Il joignait à celle-ci, qui est la première qualité requise de l'apôtre, la solidité et l'intensité de la foi qui en est le principe.

On peut définir cette âme : une âme de foi. « Croire ! s'écriait l'élève de théologie, tout le secret de la vie est dans ce mot. Pour vivre, on a besoin de croire, comme on a besoin de respirer : la foi, c'est la respiration de l'âme. »

Le petit Agenois a trouvé cette foi dans son berceau : bien inestimable légué par les générations de croyants qui s'épanouissent dans ce beau rameau du vieux tronc robuste. L'éducation évangélique reçue par l'enfant a profondément enraciné la précieuse bouture. La vocation, la docilité à la grâce l'ont fait croître. L'étude l'a fortifiée et dans l'atmosphère flottant autour des saints tombeaux romains, elle a puisé la vigueur complémentaire. Les grâces quotidiennes d'un sacerdoce noblement porté, voué à l'intense apostolat, qui puise lui-même son ardeur — admirable cercle de fécondité ! — dans la force des croyances, achèvent d'en faire la foi vive, harmonieuse, qui « équilibre, ennoblit tout l'homme » et rayonne dans sa parole, expression d'un zèle envahissant, indomptable.

A cette conviction conquérante, l'abbé Lagardère joint la vigueur du coup d'aile, la clarté de l'exposition qui aide au pouvoir de la vérité.

Son apostolat est servi par une voix chaude, vibrante, renforcée par une pointe d'accent gascon — quand l'ardeur emporte le conférencier et qu'il n'est plus assez maître de son débit. Ce léger défaut gênait le désir qu'il avait de perfection en toute chose. Mais sa fine sensibilité, son imagination contenue sont également éloignées du genre qu'on appelle communément méridional.

La substance doctrinale fournissant le suc du discours, il revêt le texte sacré où il puise l'inspiration, du vêtement coloré de son éloquence concrète et précise, jaillie d'une pensée riche d'expérience, d'étude et d'observation, qui sait rendre émouvante la vérité qu'il expose et qui entre de plain pied dans la pensée de l'auditoire. Ajoutez-y la force d'une dialectique pressante, ardemment désireuse de convaincre, l'accent chaleureux qui tient du cœur brûlant et de la volonté dominatrice, écho de l'âme vibrante et profonde, ouverte à tous les sentiments humains.

La parole était pour l'apôtre l'épi de vérité qu'il broyait dans le travail, l'enthousiasme et la douleur pour nourrir les foules du pur froment divin. Il goûta toute l'âpreté de l'effort imposé par la gestation de l'idée : rude tâche parfois pour le cerveau qui doit disposer la matière des mots et des images de façon à rendre visible la chose spirituelle, à faire vivre l'idée en lui infusant du sang de l'âme.

La conférence écrite, il restait à projeter hors de soi, par la parole, l'œuvre conçue dans la peine. Nouveau travail où le prédicateur dévoré de charité, avait peine à maîtriser la véhémence de la parole précipitée par la poussée intérieure.

Il arrivait aussi que l'orateur pris au dépourvu, devait improviser la forme et chercher le fond du discours. Or, il ne forgeait la phrase, disait-il, qu'à 50° de chaleur du cerveau. Il descendait de chaire trempé de sueur.

C'est une infériorité dans l'art oratoire, que de s'échauffer ainsi et de laisser paraître la fatigue, mais c'est une force pour la fin qu'on se propose : les idées lancées dans la mêlée doivent à cette vigueur un retentissement plus profond. Disciple passionné de Jésus-Christ, le prédicateur communique aux autres la chaleur de sa conviction ; ému, il fait tressaillir les âmes et les gagne à sa cause.

Quand il prêtait sa voix sonore à la glorification des héros du christianisme ou à l'éloge des héros de la Patrie, il trouvait en son cœur des accents magnifiques !

« Je me représente volontiers de tels hommes, s'écriait-il un jour, comme des gens qui ont une idée très nette de leur devoir, qui se sont épris de la passion du grand et du bien et qui mettent à son service les plus beaux dons de l'âme. Ce sont chercheurs d'idéal que rien ne distrait de leur rêve et qui amassent en eux-mêmes, par la continuité de l'effort, une réserve d'énergie égale à la hardiesse, voir même à la sublimité de leur dessein ; paladins de l'inconnu à la volonté toujours tendue, personnalités fortes s'enlevant en plein relief, hommes de parfaite santé d'âme qui représentent l'équilibre parfait de l'esprit, du cœur et du corps, la vraie tradition française, la caractéristique de nos fiers aïeux. »

Il fut nommé chanoine honoraire de la Métropole de Besançon après un de ces discours[1] remarqué.

Un de ses admirateurs disait de sa parole : « c'est le coup de vent impétueux qui disperse les buées de l'atmosphère, les poussières du chemin. C'est le grand coup d'aile qui chasse les nuages et rend à l'âme ployée la vision de l'Eternel soleil. »

On comprend l'action exercée par ces prédications ardentes et vivantes. La puissance du Verbe se vérifiait une fois de plus. Le conférencier éprouvait qu'un prêtre zélé « ne travaille jamais en vain, s'il a du cœur et de l'activité

---

1. Discours à l'Union des Femmes de France : 1er janvier 1901. Voir *Discours et panégyriques*, J. LAGARDÈRE.

et s'il est un homme de prière ». D'où cette formule qu'il adoptait : « *Impendam et super-impendar ipse*[1] »... disant : « avec çà, on referait le monde ».

Animé de cet esprit, l'abbé Lagardère sème la parole divine aux quatre vents du ciel. Il prêche au Carmel, où ses conférences attirent dans la chapelle, des auditoires compacts ; il prêche au monastère des Cisterciennes, au couvent de Notre-Dame de Charité ; il prêche dans les différentes paroisses de Besançon, dans les réunions d'œuvres. Il va porter l'enseignement évangélique à Belfort, à Saint-Remy, à travers toute la Franche-Comté.

Son activité déborde le diocèse. En 1903, il parle dans la cathédrale de Budapest, il se fait entendre en Autriche, à Vienne. En 1904, il prêche le carême à Dax ; l'année suivante à Mont-de-Marsan. Il est appelé en 1906 à Paris, en la paroisse Notre-Dame de Bonne-Nouvelle.

Les retraites où il exerça son apostolat ne se comptent pas : Brioude, Grenoble, Grasse, Amiens pour ne citer que quelques villes, bénéficièrent de ce zèle généreux.

Il s'était promis à lui-même de ne jamais refuser la parole évangélique qui lui serait demandée. Il se tint parole. Au plus fort de sa vie active, écartelé par les tâches multiples et les travaux nécessaires qui avaient peu à peu

---

1. Je me dépenserai et me dépenserai encore.

envahi son existence, il ira porter la bonne nouvelle au bout de la France, sur un signe, aux
auditoires les plus divers.

Mais c'est le diocèse de Besançon qui profite
le plus largement de son activité : il sème d'abord
en la terre où la main de Dieu l'a porté. Et puis,
faisant à son habitude de l'harmonie avec toute
chose, il ne manque pas de goûter le côté bien-
faisant de la froide atmosphère comtoise. Si
bien qu'il lui arrive d'écrire à Grasse : « Ici,
l'air est tout embaumé, il y a des fleurs aux
autels comme en mai, le rossignol chante dans
les jardins, le ciel est d'or et, le croirait-on, j'en
suis à regretter mon ciel de Franche-Comté :
il prêche l'austérité et les mâles énergies, tandis
que celui-ci effrite les forces de l'âme en souriant délicieusement aux yeux et au cœur. »

En cette vieille province espagnole où la
religion est encore vivace, il laboure à pleins bras
le champ du père de famille largement étalé
devant lui. « L'esprit rempli des choses de Dieu,
le cœur tout débordant de zèle, l'âme ardente »,
l'apôtre va devant lui, remuant les âmes et
prêchant par sa parole autant que par sa vie
énergique et laborieuse.

Il s'adresse aux auditoires les plus divers. Un
jour, il fut appelé à remplacer dans une réunion
publique contradictoire un orateur empêché au
dernier moment. Il fallait réfuter les assertions
sectaires d'un renégat, dans un de ces milieux
houleux et hostiles au clergé qui se forment

instantanément autour des malheureux apos-
tats. L'abbé Lagardère sut tenir en respect les
passions et imposer la vérité. Il renouvela
plusieurs fois cette tentative.

Mais à vrai dire, il n'était point fait pour ces
sortes de joute ! Il s'y fut usé vite, dépensant
contre la haine trop d'élans et trop de vivante
charité.

Tant d'activité, une personnalité aussi accu-
sée désignaient l'abbé Lagardère à l'attention
de tous.

L'épithète d' « Éminence noire », circula
dit-on, sous le manteau. En eut-il connaissance ?
Ce modeste ne cherchait point à se mettre en
vedette. Il était trop clairvoyant, il est vrai,
pour n'avoir pas conscience de sa valeur. Les
honneurs étaient à ses yeux autant de charges
qu'il eût remplies avec sa dignité et son abnégation coutumières. Il avait l'âme trop droite
pour n'y pas songer, mais il ne les recherha
jamais et il n'éprouva ni aigreur, ni découragement à les voir s'éloigner de lui.

Ayant vu beaucoup les hommes et de très
près, il n'attendait rien d'eux et les jugeait à leur
valeur : « j'en ai trouvé très peu, disait-il, de
savants, de forts et de bons ; la plupart ne
savent rien, n'ont pas de caractère et sont incapables d'aimer ; l'intelligence des meilleurs à
une taie, leur moralité une tare, leur esprit est
soumis aux sautes de vent les plus déconcer-
tantes et leur vie s'en va à la dérive, au caprice

de leur ambition ou de passions bien moins nobles encore ».

Il fut de ceux pour qui le sort est d'airain et qui le supportent avec une énergie de fer, trouvant dans la résistance une excitation nouvelle à l'action virile et désintéressée, pure de recherche personnelle. Il demeura « le prolétaire du Christ » uniquement soucieux de servir.

Prêtre avant tout, il n'était point d'ailleurs de ces créatures que le rien contente et que le néant suffit à combler. « J'ai une ambition insatiable ; tout en moi voudrait monter, monter encore », écrivait-il au Séminaire Français. Mais nous pouvons l'en croire quand il précise : « Je n'ai jamais rien compris à l'ambition humaine. Il m'a toujours paru que la plus simple philosophie suffisait pour en dégoûter et qu'on ne pouvait raisonnablement se remuer en ce monde qu'en vue de l'autre. »

A ce compte, nulle intimidation ne mordra sur la volonté de l'apôtre. Il connaîtra les railleries et les jalousies ; il essuiera les dédains des âmes ondoyantes et molles, les colères des orgueils qu'il dénonce ou des égoïsmes qu'il poursuit partout et flagelle sans merci ; la calomnie s'acharnera sur lui, sans le détourner de sa route. Allant droit devant lui, ennemi du seul péché, âpre à la grande œuvre de rédemption, il n'est soucieux que de sauver ses frères, de dépenser pour eux « les activités mises en son âme par le Christ ».

« A d'autres les jouissances et les biens du monde, s'écriera-t-il... A moi le dévouement, jusqu'au dernier souffle de vie, pour les âmes que j'aurai passionnément aimées[1]. »

Quelle noblesse dans ces souhaits austères conçus par des âmes de feu, conscientes du néant de ce qui passe, et qui immolent tout, d'un coup, pour se jeter à corps perdu dans le surnaturel !

Mais aussi, s'il est vrai qu'on aime d'autant plus qu'on a sacrifié davantage à son amour, quelle douleur indignée sera la sienne, quand l'abbé Lagardère verra le mal déborder et triompher en France, dans « les lois de colère[2] », à cette époque d'intolérance extrême, de passion sectaire qui rééditait, avec les Valdeck et les Combes, les pires journées antireligieuses de la Révolution. Quatre-vingt une congrégations de femmes sont condamnées d'un coup ; trois mille écoles sont fermées en un an ! Les congrégations prédicantes se voient frappées après les enseignantes ; les contemplatives partagent le même sort, de par les lois ou les décrets iniques arrachés à la Chambre par la haine avisée et froidement dévastatrice.

Après la congrégation, c'est l'Église ; après le cléricalisme, le catholicisme. Voici l'affaire de

1. Rome, 1889.
2. P. Deschanel.

la rupture, le rappel de notre ambassadeur,
résultat d'une « indiscrétion voulue... machination » des Loges, dira Ribot. L'intérêt électoral, combiné avec la passion anticléricale,
l'emporte sur l'intérêt national. La France
divorce publiquement avec le Saint-Siège.

Combes renversé, le combisme lui survit. La
séparation des Églises et de l'État est votée.
L'enseignement congréganiste achève de disparaître. La loi dite de dévolution dépouille
de leurs biens les fabriques paroissiales. Les
inventaires, finalement, achèvent la spoliation
de l'Église de France.

Chacun de ces coups retentit au plus profond
du cœur de l'abbé Lagardère.

Au premier son du tocsin, il est monté sur la
brèche. « Les idées fausses pullulent, constate-
t-il, on entend dire partout des choses monstrueuses !... Il faut faire entendre au monde
le langage de la vérité. »

Pour cela, toutes les tribunes lui sont bonnes.
La parole ne suffit pas à son ardeur : il prend la
plume. Pendant deux ans, sous la signature
expressive de Jean Kosciusko, il défend dans
la *Croix Franc-Comtoise* nos libertés religieuses.
La plume entre ses mains est comme une
épée, de même que la parole sur ses lèvres est
comme un glaive au service de la vérité. Persuadé que notre effondrement religieux a pour
cause non seulement l'acharnement des sec-

taires, mais encore l'apathie des bons, il attaque
le mal partout où il se trouve et jusque dans
nos rangs.

Tels petits tracts lancés alors à travers Besançon et qui mettaient en cause, en regard du
plan maçonnique, les gens bien pensants qui
« *dormaient* » ou qui « *dansaient* », à la veille
de la persécution, bouleversèrent la ville. Incisifs, mordants, les feuillets qui traçaient « la
préface encore imprécise d'une histoire que nous
commençons à écrire avec des larmes et que
nous achèverons sans doute avec du sang »,
soulevèrent une explosion de colère.

On reconnut sans peine la griffe de l'écrivain
qui ne songeait d'ailleurs point à dissimuler.
Ce fut l'ostracisme dicté par les mécontents
aux curés des paroisses bisontines. Les chaires
de la cité furent interdites à l'audacieux auteur
des pamphlets prophétiques, et longtemps il
porta le poids des rancunes nées à cette occasion.

On raconte que l'Académie de Besançon parlant de lui ouvrir ses rangs, un noble académicien déclara péremptoirement : « si celui-là
entre ici, je l'en ferai sortir à coups de pied... »
et le reste. Les confrères baissèrent le nez devant
l'opposition et l'affaire fut classée.

Les flèches décochées contre l'inconscience des
mondains cependant ne visaient point la classe
de ceux qui en faisaient grief au prédicateur
impolitique. L'abbé Lagardère l'avait dit bien

à l'avance : « je ne suis certes pas révolutionnaire et partout où je trouve la dignité jointe à la vertu et à l'éclat du nom... je la salue avec respect ». Mais il écrivait aussi, à la même date : « je vois le vrai et je le crie à pleine poitrine, et ce n'est pas peu dire, car j'ai bonne voix ».

Il aurait pu se réclamer de la parole autorisée du pontife Pie II disant à propos d'un Malatesta : « ce n'est pas la noblesse que nous haïssons, mais les nobles libertins et incrédules comme lui-même, qui n'a pas hésité à trahir sa Mère souveraine, l'Église romaine ! ». L'apôtre bisontin estimait que s'amuser ou dormir pendant que l'ennemi saccageait l'Église de France, c'était trahir. Il le disait, frémissant de douleur. Il faisait son métier de sentinelle avancée dans la cité spirituelle, de « chien parlant du bon Dieu ».

On pouvait accepter la sévérité de parole d'un homme qui ne comptait jamais avec lui-même, qui s'il demandait beaucoup aux autres donnait davantage encore.

L'abbé Lagardère ignorait l'opportunisme aussi bien que la défiance et l'intrigue ; il marchait droit au but, au risque de passer toute sa vie pour un naïf. On a parlé de sa lumineuse candeur rappelant celle de Bossuet. C'est un loyal, tout d'une pièce et sans arrière pensée, ennemi des refrains doucereux et des demi-mesures. Sa droiture ne peut admettre l'ombre du mensonge. Les atermoiements, les demi-vérités ne sont pas son fait. La prudence de

quelques-uns qu'il appelle de la pusillanimité le
fait bondir. Aux jours lointains des premiers
essais de laïcisation, il stigmatisait déjà d'une
plume acérée, les valets d'une politique de soumission et de silence : « Nous devenons des chiens
muets. L'homme d'État prend dans sa main un
morceau de pain et nous le montrant, il nous
invite au silence, et tout le monde se tait et les
peuples avalent l'iniquité comme l'eau : ils ne
regardent plus vers l'Orient de l'Église, ils vont
à grands pas au matérialisme.[1] »

Dévoué corps et âme à la vérité, il la prêchait
à temps et à contre-temps, insoucieux de ménager pouvoir ou richesse, prêt au surplus à tout
donner pour elle, jusqu'à son sang. Il a pris pour
devise le mot de Senecias : « *clama ne cesses* »
et il s'y tient, impassible.

Mais impassibilité n'est pas insensibilité et
l'attitude de quelques-uns, en l'affaire des tracts,
lui fut cruelle. « Besançon m'a traité en paria »,
écrira-t-il douloureusement de Vienne, peu après
l'épreuve.

Le temps qui apaise tout cicatrisera cette
plaie. Un jour, M. l'abbé Payen, curé de Saint-
Maurice, vint trouver le prédicateur sans travail : « Voulez-vous prêcher dimanche, lui
demanda-t-il ? — Mais où ? s'écria l'abbé surpris — Dans mon église. — Vous savez ce que

1. Rome, 1889.

vous faites ? — Je prends toutes les responsabilités. » Ému, touché au fond de l'âme par ce geste de vaillante amitié, l'abbé Lagardère se jeta dans les bras de son confrère qu'il embrassa en pleurant.

De ce jour, Saint-Maurice devint sa chère paroisse : il y était chez lui. C'était au surplus la paroisse de l'armée et le professeur d'antan y retrouvait avec joie la jeunesse militaire. Il aimait à veiller avec les soldats, la journée faite, au presbytère hospitalier. Là, il causait librement, avec bel entrain ; il jouait avec non moins d'animation, enragé au billard. Perdait-il ? les neuf heures venues, il cherchait une équipe de dix heures. Battu encore, il en appelait à une autre équipe de onze heures. Poursuivi par la déveine, il prenait finalement rendez-vous pour assurer sa revanche. Le jeu, pour ce lutteur de tempérament, était une action d'autre sorte à laquelle il apportait l'endurance et l'énergie qu'il mettait à surmonter tous les obstacles du chemin.

Cependant, le beau geste du Curé de Saint-Maurice avait levé l'interdit. Les curés des autres paroisses osèrent inviter le prédicateur redouté qui reparut dans les chaires de leurs églises. Ainsi pouvait-il noter avec une pointe d'ironie désabusée, au lendemain de conférences faites à Saint-François-Xavier : « Mes actions sont en hausse dans les banques de l'opinion humaine à Besançon. Si elles sont de même là-haut, tout est bien. » Désormais, le champ est libre devant le semeur.

Mais entre temps, l'abbé Lagardère n'était pas demeuré inactif. Une fois encore, l'épreuve servait les desseins providentiels. L'affaire des pamphlets, en rétrécissant le champ de sa vie sacerdotale, allait orienter ailleurs le zèle de l'apôtre. Privé de la parole, il cherche dans la plume une arme nouvelle, comme un exutoire à sa vie surabondante.

CHAPITRE VIII

« La Femme Contemporaine »
et « La Jeune Fille Contemporaine »

*Les origines — La Femme Contemporaine. Sa fin,
son esprit, ses moyens — La Jeune Fille Contemporaine — Son programme — Les difficultés —
Les tentatives — La fin d'une œuvre — Ce qui
reste.*

———

Le ministère des cloîtres avait mis l'abbé Lagardère en relation avec des femmes qui étaient
la fleur de l'élite religieuse. Les conférences
faites à droite et à gauche, à travers les villes et
les campagnes, lui firent connaître une autre
élite féminine spirituelle qui, pour être du monde,
n'en était pas moins composée d'âmes choisies.
Ayant ainsi vu de près les chrétiennes de son
temps, il les jugea. Ces femmes — les meilleures
— sont incomplètes et faibles, et c'est naturel ;
mais elles sont en outre incapables trop souvent
d'une idée sérieuse, d'une volonté constante, et
c'est dangereux.

« Les femmes du monde, dit-il à l'époque, se

font beaucoup de mal en négligeant trop les occupations intellectuelles : on n'éteint pas la pensée... mais faute d'aliment, elle devient d'autant plus active et inquiétante. » L'imagination pour qui tout est pâture, remplace la réflexion, au grand détriment de la vie qu'elle gouverne.

Or, les conséquences de cet état de choses peuvent être incalculables. Compagne de l'homme, reine du foyer, mère de famille, être social, la femme a charge d'âmes et détient une influence qui est une immense force pour le bien ou pour le mal.

Ceci encore le prêtre l'avait appris dans la fréquentation assidue des âmes. Il avait vu de près les effets de la puissance malfaisante de la femme, et voulait y parer en la haussant jusqu'au niveau supérieur de l'échelle morale.

A la base de l'œuvre qui sera conçue dans la douleur, on trouve ce mobile très élevé et très pur : moraliser la femme, pour faire de l'Eve qui est une occasion de chute, la créature bénie qui relève et pousse l'homme aux belles réalisations, aux généreuses conquêtes.

Que de fois, descendant de la chaire, où il distribuait à quelque auditoire féminin la parole de vie, que de fois dans ses promenades le long du Doubs aux cascatelles bruissantes, l'humble prêtre, perdu en un coin de la Comté avait rêvé d'un moyen qui lui permit d'atteindre un plus grand nombre d'âmes et d'étendre à l'infini les ondes de la sainte vérité qui forme des volontés éclairées, des cœurs robustes, des êtres agissants et dévoués.

Cependant, son auditoire, au lieu de s'agrandir, menaçait de se restreindre. Non seulement les chaires de la ville lui étaient interdites, mais encore, à cette époque d'âpre lutte anticléricale, Combes venait d'enjoindre aux évêques de fermer les chapelles affectées au culte, sous prétexte qu'elles faisaient aux églises paroissiales une concurrence déloyale dont les curés eux-mêmes se plaignaient.

L'arrêté frappait la chapelle du Carmel, très fréquentée... où l'aumônier resta avec les seules religieuses.

Mais pour l'abbé Lagardère, obstacle ne signifiait pas renoncement : au contraire. Il s'attache plus que jamais à sa vocation contrariée — « Allez et enseignez » — et puisque la parole lui manque, il cherche le moyen d'instruire par la plume : le soldat ne fait que changer de lame ; une épée brisée, il en reprend une autre et la baptise dans l'eau du sacrifice avant de la saisir bien en main pour l'action.

La presse est en train de devenir le grand véhicule de la pensée moderne : pourquoi ne s'en servirait-il pas lui-même pour répandre ses idées par le monde et centupler leur diffusion qu'on veut borner ?

Il s'ouvre de ses désirs secrets à quelques-uns qui ne comprennent pas. Il précise : « ce n'est

pas écrire dans un journal que je veux, c'est le
fonder, c'est entrer dans le mouvement, sortir
de la sacristie, devenir un être social, faire un
peu de bien. Je crois que l'avenir est là... »

Sur ces entrefaites, il est appelé à prêcher en
Autriche. Les jours passés là-bas sont une halte
dans la vie âpre qu'il mène en pays franc-com-
tois. Il s'y dépense avec bonheur : « Je viens de
prêcher devant un bon auditoire de français où
ducs et duchesses se mêlaient avec des institutrices... j'ai vu ambassadeurs, nonces, archevêque, auditeurs... C'est une vie un peu différente de l'existence monacale à laquelle l'esprit
de coterie m'a condamné et je bénis Dieu de
m'avoir conduit sur les rives du Danube... C'est
bon et reposant de se trouver loin d'un monde
de potins... »

C'est là, « sur les rives du Danube » où Dieu
l'a conduit, que la pensée en germe dans l'esprit
du prêtre, va prendre corps.

Après une retraite prêchée aux français de
la colonie, le prédicateur vit venir à lui des
femmes si désireuses de conseil, qu'il se sentit
pressé de les aider efficacement et résolut de
créer un organe régulier des intérêts féminins
qui s'en irait porter lumière et force aux intelligences et aux cœurs avides de savoir et de se
dévouer.

De retour à Besançon, l'abbé Lagardère se
met en mesure de réaliser son dessein.

L'idée est mûre, mais encore faut-il la mettre

au jour : enfantement laborieux dont les penseurs connaissent tous les mâles douleurs secrètes. Il faut en outre — et ce n'est pas petite affaire — rallier des sympathies à l'idée nouvelle, persuader les uns, décider les autres. Il faut trouver des concours, des aides, des subsides.

Comme tous les créateurs mus par une intention surnaturelle, notre fondateur songe à peine à la question matérielle : « Je fis un acte de foi, déclarait-il ensuite, et commençai n'ayant en caisse qu'une somme infime ».

Son zèle ne voyait qu'une chose : la gloire de Dieu et le bien des âmes ; les difficultés matérielles étaient chose secondaire : il s'en remettait à la Providence.

Les âmes l'attendent, il veut répondre à leur désir, il veut agir et agir vite.

« Vous parlez de ma revue, écrit-il à une de ses filles spirituelles, en août 1903, comme devant nécessairement paraître en janvier... Je ne paraîtrai en janvier que si je ne puis absolument faire autrement, mais d'ici octobre, je travaillerai jour et nuit avec la grâce de Dieu, pour être prêt à l'heure dite. Les œuvres se fondent au prix du sang et j'en veux à mes amis d'être si flasques à cet endroit : ils ont tout ce qu'il faut pour faire tout échouer. »

En octobre 1903, comme il l'a dit, il est prêt.

La nouvelle revue *la Femme Contemporaine*, se présentait au public à l'heure où le problème du féminisme se posait bruyamment devant

l'opinion. Ancien comme le monde[1] mais revêtu
d'une forme nouvelle, le féminisme alors inquiétait d'autant plus qu'il arrivait en droite ligne
de l'Amérique protestante, porté chez nous par
le courant antireligieux et anarchique. L'abbé
Lagardère fut un des premiers à voir la nécessité
de capter cette force, que l'évolution écono-
mique et sociale allait bientôt faire entrer de
gré ou de force dans nos mœurs, afin de l'adapter et de la diriger. C'est pourquoi *la Femme
Contemporaine* se proposait de « s'appliquer à
résoudre spéculativement et pratiquement le
difficile problème du féminisme qui était à
l'ordre du jour ».

Revue doctrinale avant tout, « elle veut étudier pour savoir et savoir pour agir et semer
dans l'immense champ de l'action, la vérité
qui délivre, l'idée saine qui devient une force
et une vertu, quand elle trouve sur son chemin
un homme bien vivant qui se l'assimile ». De
là son programme : synthèse des idées, des
livres, des œuvres... qui, dans l'ordre intellectuel, moral ou religieux, peuvent servir à l'utile

1. Nous avons, en effet, l'illusion de croire que le féminisme est une invention de notre temps. Vers l'an 1860,
par exemple, parmi les collaborateurs de la *Revue des Deux-
Mondes*, on compte près d'une douzaine de femmes : Des-
bordes-Valmore — Amable Tastu — Delphine Gay (Mme de
Girardin) — Louise Colet — Arabella — Daniel Stern
(Mme d'Agoult) — Albane (Mme Pauline Caro) — Mme Blase
de Bury, la baronne Rose — la princesse Belgiojosa —
George Sand.

évolution de la femme, au point de vue individuel, familial ou social.

Ce programme était servi par des collaborateurs consciencieux, esprits ouverts aux différentes formes de la pensée et sympathiques à toute inquiétude humaine.

On comptait parmi eux quelques-uns des meilleurs écrivains de notre époque : Faguet et François Coppée, MM. Goyau, Bazin, H. Bordeaux, H. Brémond. Citons encore Fénelon Gibbon, Boyer d'Agen, Jean Harmand ; M. Turmann, spécialisé dans les initiatives féminines sociales ; Dom Hébrard qui traita de la direction de conscience ; Lecigne, qui conduisit ses lectrices « du dilettantisme à la foi et à l'action ». MM. Théodore Delmont, J. Prunel qui apportèrent avec eux la bienveillance des Facultés catholiques de Paris et de province.

Des plumes féminines délicates et distinguées — dont quelques-unes firent là leurs premières armes — appuyèrent l'effort de la Revue : Mesdames F. Faure-Goyau, Ph. Heuzey, Gouraud d'Ablancourt, H. de Golesco, Lya Berger, J.-P. Ferrier, Comtesse de Diesbach, de Custine, pour n'en citer que quelques-unes parmi les plus importantes et les plus fidèles.

Ceux que les préoccupations féministes de la Revue inquiétaient auraient pu se rassurer en voyant ces noms, comme aussi en lisant l'article-programme qui précisait ses tendances.

« Ni retardataire obstinée, ni novatrice dangereuse », la *Femme Contemporaine* voulait appartenir à cette classe de gens sensés qui se tiennent en garde contre toute audace excessive et s'efforcent d'avoir, sur le terrain où ils se placent, de la mesure et de la raison, avec de l'esprit de suite, un peu de bon sens et beaucoup de dévouement, de sincérité et de science.

Elle jugeait la question féministe étroitement liée à la question sociale et concluait qu'il faut pour la résoudre se placer non au point de vue d'un individualisme étroit et égoïste, mais au point de vue du bien social qui, étant le bien de tous, ne peut être procuré que par l'abnégation et les sacrifices de chacun. Elle présentait la famille, non l'individu, comme l'élément primordial de la société, la famille d'institution divine où deux êtres isolément incomplets, l'homme et la femme, mettent en commun les richesses de leur esprit et de leur cœur au bénéfice d'un autre être, centre de leur existence : l'enfant. Il ne saurait être question d'antagonisme entre ces deux êtres dont chacun est le complément nécessaire de l'autre : au contraire, puisque c'est par la fusion de deux âmes dissemblables quoique égales que s'engendre, se forme et se perfectionne l'homme complet.

La Revue qui professe ces principes se gardera de toutes les utopies qui peuvent soustraire la femme à son rôle familial ; elle servira toutes les thèses capables de l'enraciner plus profondément dans sa vocation.

« Rationnel et respectueux des lois de la vie »,
le féminisme de la *Femme Contemporaine* ne
pouvait qu'être un agent de prospérité sociale
et de perfectionnement moral. Avec lui, les
catholiques prenaient position contre l'école
d'en face pour le triomphe des saines idées. Ils
entraient dans la vie à fin d'en règlementer
les gestes et d'en diriger les actes.

Quelques-uns le comprirent. La nouvelle
publication eut la faveur des esprits féminins
sérieux qui cherchaient un guide parmi les
difficultés de l'heure. Ceux-ci le trouvèrent dans
les pages de la *Femme Contemporaine*, dirigée
par un homme, ouvrier de bien par excellence.
La vérité sortait de sa plume toute vivante et
suscitait dans les âmes éclairées, les volontés
agissantes. Chacun de ses mots était pensé dans
la prière, mûri dans la réflexion, tracé parfois
avec le sang du cœur.

Soucieux d'abord de la formation morale
de ses lectrices, l'abbé Lagardère n'avait pas
moins grand soin de la forme littéraire. Il tenait
à l'ordre dans tous les domaines, celui de la
pensée comme celui de l'action, estimant que
l'ordre seulement engendre la grandeur et la
fécondité. Conception bien française qui est
celle du génie même de notre race épanoui dans
la magnificence du beau et du fort unis et or-
donnés.

Le directeur de la *Femme Contemporaine*
avait le don, précieux en la circonstance, de

s'intéresser à toutes choses. Les conceptions les plus diverses se pressaient dans cet esprit large, original, prompt et robuste. A le voir organiser ses œuvres, s'intéresser aux multiples détails de leur fonctionnement, il faisait songer à Pascal imaginant entre deux spéculations métaphysiques, les premiers omnibus parisiens. Esprit précis au service d'une âme ardente, la pensée en lui oriente l'action et l'action contient la pensée.

Il voit tout ; il met la main à tout. Écrivain, il multiplie les articles sous divers pseudonymes : analyses littéraires, revue des idées et des œuvres, causeries marquées au coin d'une saine psychologie et de la meilleure science des âmes féminines. Directeur, il assume la correspondance de la Revue dès qu'elle prend un caractère spirituel — ce qui arrivait fréquemment, quand une fois il avait répondu à la lettre d'une abonnée avec la chaleur de son âme apostolique, expérimentée et surnaturelle.

Ainsi travaillait-il sans relâche. Sa volonté le tenait assujetti au joug qu'il s'était donné et que d'ailleurs il aimait, ennemi juré de l'oisiveté, toujours soucieux de vie et d'action.

Bientôt, la *Femme Contemporaine* paraît insuffisante à son zèle. Pour mieux agir sur la femme, il veut atteindre la jeune fille dont l'esprit est plus susceptible de formation, en qui la vie n'a point encore troublé le regard du cœur et faussé la volonté.

En 1905, paraît *la Jeune Fille Contemporaine*, complément de la *Femme Contemporaine*.

Quelles sont les ambitions de la nouvelle venue ? Préparer les jeunes filles à leur mission de femmes et les armer pour ou contre les réalités de l'existence, compléter leur formation intellectuelle, morale, religieuse, leur donner enfin une éducation en rapport avec leurs besoins, leurs aspirations et avec les devoirs qui leur incombent.

La *Jeune Fille Contemporaine* prend pour cela figure de « cours supérieur d'études », où l'on enseigne la religion, la philosophie, la littérature — pour ne mentionner que les principales branches. — A ces matières s'ajoute, avec la causerie si goûtée du directeur, une page de fine morale, d'esprit élevé et pratique qui n'est pas la moins utile au but que poursuit la jeune Revue : former « des éducatrices au niveau de leur mission providentielle » qui, à leur tour, « pétriront de science et de vertu, les cerveaux et les cœurs dont elles auront la garde ».

Et l'abbé Lagardère, voyant par delà la germination possible du bon grain, formule ainsi son rêve : « Le jour où les femmes qui subissent encore d'une façon ou d'une autre l'influence du christianisme auront atteint toute la perfection dont elles sont capables, le niveau intellectuel et moral de l'humanité sera élevé de cent coudées au bénéfice des individus, des familles et des États. »

La guerre et ses expériences nouvelles ne feront que confirmer la thèse du prêtre-éducateur. « En somme, dira-t-il en 1915, la plupart des hommes n'ont que des intérêts et des passions dont ils s'occupent ; les idées morales qu'ils professent, il les doivent au milieu familial où ils ont été élevés et à la femme qui leur est unie et qui fait de la philosophie pour eux... Donc, la femme supérieure a un très grand rôle à jouer au foyer par son tact, ses idées, ses vertus, son ascendant. D'où : importance de l'instruction première approfondie et de l'éducation de la femme.

...Les femmes françaises ne s'acquitteront de leur tâche que si elles ont de la tête, du cœur et de la foi. »

A l'œuvre donc ! « Il faut reconstruire, récréer, faire des âmes, des cœurs, pétrir des consciences de femmes et en faire des apôtres : leur apprendre à souffrir, à aimer, à s'oublier, à être de merveilleux instruments entre les mains de Dieu, de divins outils. Il faut leur apprendre à mettre le sacrifice à la base de leur vie, à en faire leur pain quotidien, celui qu'on mange dans les larmes et cependant dans la joie, dans la divine joie. »

Tout animé par des pensées pareilles, l'abbé Lagardère ne ménage rien pour faire vivre l'œuvre qu'il a conçue. Il ne compte pas avec lui-même, et assume les démarches et les travaux, tantôt multipliant lettres ou articles, tantôt parcourant la France pour répondre à l'appel de quelques âmes et implanter les revues dans un terrain neuf.

Mais le point capital, pour une œuvre de presse, c'est évidemment, l'imprimerie. Elle coûtait cher ici et le directeur de la *Femme Contemporaine* songeait souvent aux avantages indiscutables qu'il y aurait à s'imprimer sur ses presses.

L'idée était grosse de difficultés.

Un jour chez un confrère, l'abbé Lagardère rencontra un prêtre actif autant qu'ingénieux[1], pour qui l'imprimerie n'était point un secret et qui réalisait chez lui, en petit, le rêve du fondateur de la *Femme Contemporaine*. Sollicité, il accepta en principe une collaboration qui fut bientôt autorisée par l'archevêché.

Peu après, en mai 1906, on vit installer provisoirement dans les caves contiguës à l'habitation de l'aumônier du Carmel, le machinisme et le matériel élémentaires permettant l'impression des pages accessoires des revues : annonces et couvertures.

L'éditeur de Besançon surprit l'emménagement. Aussitôt, il refuse de continuer à imprimer la Revue et rend les feuilles du numéro en composition à plat, non brochées. On s'en tire tant bien que mal et la revue paraît. Les circonstances forçaient à l'action : il fallait assumer

---

1. M. l'abbé Goux, aujourd'hui directeur de l'Imprimerie de l'Est, à Besançon.

désormais la tâche de l'édition. Mais cela supposait un local, un matériel, un personnel qu'on n'avait pas. Le directeur se met en campagne. Il cherche et trouve les premiers fonds. Le Refuge[1] qui a loué deux pièces, assure la composition. Le domestique de l'abbé Lagardère devient le premier ouvrier de l'imprimerie. Le mois suivant, la *Femme Contemporaine* paraissait sur ses presses.

Toutes les difficultés n'étaient pas vaincues pour cela : elles ne faisaient que commencer. Le fabricant de papier, devant une affaire qui n'était qu'à son début, hésita d'abord à livrer, puis se ravisa. Pour donner confiance et pour durer, en regard des dépenses, il fallait créer les ressources : d'où la nécessité d'assurer un travail rémunérateur et régulier à l'imprimerie.

Tout d'abord, l'abbé Lagardère confia à ses presses la revue ecclésiastique *le Clergé et les œuvres* qu'il avait rachetée et qui fusionnera plus tard avec le *Trait d'Union*. Mais la vie appelle la vie. L'imprimerie qui débute si humblement tend à se développer, et à se développer dans le sens des préoccupations apostoliques de son fondateur. Le *Bulletin paroissial*, à fond commun pour le diocèse, naît de ce double souci. Cette extension rapide et forcée exige un machinisme correspondant. Le matériel s'accroît : avec lui les difficultés financières augmentent et deviennent sérieuses.

1. Monastère de Notre-Dame de la Charité.

Accablé de trop lourdes charges, dévoré de soucis, le directeur cherche durant ses nuits sans sommeil, remède à une situation qui est un tourment pour sa fière nature. Dans ces moments d'angoisse, il s'accusait parfois d'avoir été présomptueux et importunait le ciel de ses prières, redoublant d'ardeur et de zèle, travaillant « comme un forçat » pour suffire à tout et attendrir le ciel : « Luttons, bûchons, et Dieu fera le miracle » disait-il, haussant son espoir au niveau de l'épreuve.

Il fallut en venir à la fondation d'une société par actions. Tracas, démarches sans fin, refus de concours précieux et qui semblaient devoir lui être assurés, crève-cœur et soucis, rien ne manque au baptême de l'œuvre.

Enfin la société fut constituée au capital de 150.000 fr. Ce sera le point de départ d'une prospérité non ralentie que ne verra pas son laborieux fondateur.

Entre temps, et parallèlement à ces difficultés, d'autres avaient surgi qui menaçaient les Revues dans leur être même.

Depuis 1908, celles-ci, nées bisontines, avaient émigré à Paris pour demander à la Cité intellectuelle la consécration de leur avenir.

Aussi bien, l'abbé Lagardère est à cette époque débordé de besogne : la *Semaine Religieuse* vient d'être remise en ses mains et la direction des œuvres du diocèse lui sera bientôt confiée. Les Revues qu'il a créées sont devenues

assez fortes, croit-il, pour vivre loin de lui :
qu'elles grandissent en d'autres mains qui en
recevront notoriété ou profit, leur fondateur en
est d'accord, sachant bien que celui qui sème
n'est pas celui qui moissonne. Il constitue une
société pour leur assurer une base solide et
remet à d'autres le soin de ses chères publications, se réservant seulement la charge d'un
article dans chaque numéro.

Les débuts à Paris semblent justifier les
espoirs fondés sur l'organisation nouvelle. La
Femme Contemporaine, installée au centre du
monde intellectuel, entreprend des conférences
— telles ces conférences qui feront par la suite
la fortune de publications similaires. C'était
bien. Mais peu à peu, voulant atteindre un plus
grand public, elle quitte le terrain assez exclusif
qui était le sien, elle prend un autre aspect, une
allure moins personnelle, elle se rapproche de
la banalité et la *Jeune Fille Contemporaine* la
suit sur cette pente. Toutes les deux y perdirent
de la considération et n'y gagnèrent pas le
succès. Et puis, le souffle créateur leur manquait ; elles végétaient loin de leur berceau. Les
abonnements commencèrent à décroître. Il
fallut se rendre à l'évidence : Paris n'était pas
favorable aux revues franc-comtoises.

L'abbé Lagardère, résolûment, prend alors
le parti de recommencer l'œuvre compromise.
Il va tenter de renouveler la sève dans l'arbre :
tâche aride et hasardeuse. Reprenant la direc-

tion abandonnée, il ramène les émigrées à Besançon. Puis il interroge les abonnées restées fidèles pour savoir d'elles ce qu'elles attendent d'une publication que d'aucuns déclarent trop sérieuse pour plaire et se répandre. La consultation est en faveur de l'esprit religieux qui préside aux destinées de l'œuvre. Elle renforce la volonté de l'ouvrier de bien qui travaille pour servir non pour briller, mais elle n'apporte pas de solution aux difficultés matérielles de l'heure.

Voulant satisfaire à certains désirs légitimes, et les idées jusque là défendues ayant passé dans l'air du temps, on réduit leur place au bénéfice des questions et des actualités intéressant de plus près encore la vie morale et familiale. Modification de pure forme ; le fond reste le même. Les revues ne changent pas d'âme : elles se prêtent à l'opportunité pour mieux vaincre.

L'apôtre qui les dirige s'en tiendra là et n'en fera point des « revues amusantes » : il veut répondre à l'attente des bonnes volontés, non point courir au succès. Il ajoute encore ouvertement le titre de « catholique » sur la couverture de la *Femme Contemporaine* et de la *Jeune Fille Contemporaine* comme, à l'heure critique, le navire en détresse déploie son drapeau, et il reprend la tâche.

Mais il est plus difficile de renflouer la barque que de la construire : les voies d'eau s'agrandissent d'elles-mêmes. Les efforts combinés des abonnées et de l'infatigable directeur, n'arrivent pas à réveiller les indifférences qu'il faudrait intéresser pour triompher. Les encouragements qui viennent des rangs de l'épiscopat, fortifient et consolent le douloureux soldat du bien qui s'épuise à l'effort ; ils n'apportent pas le pain quotidien. Parce qu'on veut vivre haut, sera-t-il interdit de vivre ?

Epoque d'âpre lutte, sans relâche et presque sans soleil. De-ci, de-là, l'espoir invincible du généreux travailleur trouvait sa récompense : Dieu répondit plus d'une fois par de vrais prodiges d'à propos à cette vaillance indomptable. La vigoureuse énergie de l'homme d'œuvres s'y fut usée quand même, si le prêtre n'eût puisé dans son sacerdoce les forces puissantes, sans cesse renouvelées pour continuer sans trêve le dur labeur.

Cette volonté tenace et crucifiée eût-elle finalement triomphé ? La *Femme Contemporaine* et la *Jeune Fille Contemporaine*, ces deux excellents outils d'éducation forgés dans les veilles, les contradictions et les sacrifices pour modeler des esprits chrétiens, auraient-elles conquis de haute lutte, droit de cité ? Peut-être. Encore est-il d'expérience que les plus vaillants ne sont pas toujours les plus heureux et que les grands rêves trouvent difficilement une réalité à leur taille.

Quoi qu'il en soit, le numéro du 15 août 1914

de la *Femme Contemporaine* était sous presse, quand le canon de la citadelle de Besançon annonça la guerre.

Il n'était plus question de rompre le pain de vérité aux âmes féminines dans les œuvres de presse. Rien n'existait alors, que le danger pressant qui menaçait la France. Il fallait d'abord, à tout prix, conquérir le droit de vie que l'agresseur nous disputait. Il fallait surtout aller au plus pressant devoir : aux âmes des soldats.

Laissant là tout autre tâche, l'abbé Lagardère suivit l'élan qui l'emportait.

Les dernières pages écrites pour la *Jeune Fille Contemporaine*, et qui ne furent pas imprimées, semblaient prévoir les larmes qui nous étaient réservées. Elles chantaient la foi, seule garantie du bonheur ici-bas, où la douleur est le pain robuste des forts. Elles étaient comme le testament de son âme, le viatique qu'il laissait à ses lectrices dans les luttes du devoir pour lesquelles il avait formé le dessein magnifique de tremper les cœurs.

Depuis, dans les longues heures de la guerre de tranchées, l'aumônier militaire songeait souvent avec mélancolie aux travaux abandonnés, à la grande œuvre d'éducation qui lui était chère.

Il se déclarait prêt à reprendre la tâche laborieuse, pourvu toutefois qu'il n'ait plus à assumer les charges matérielles qui l'accablaient la veille. Ce n'est pas un commerçant, c'est un soldat : qu'on lui fournisse les moyens de combattre sans lui demander de pourvoir au train des équipages.

Au demeurant, il n'avait rien abandonné de ses convictions ni de ses espoirs. De plus en plus, au contraire, s'imposait à son esprit la nécessité d'armer moralement la femme, de nourrir son esprit et son âme, de combler la misère de son cœur.

Dans les paroisses du front où il cantonnait, il ne manquait pas une occasion de parler aux mères, aux épouses et de développer sa thèse.

« L'héroïsme de la guerre actuelle, disait-il, est le triomphe des idées que nous devons à nos mères...

Depuis trente ans, les hommes ont semé les idées corruptrices dans l'ordre religieux, moral, patriotique et les Allemands qui ont assisté à cette décomposition ont pensé : la France est pourrie et mûre pour l'esclavage, allons-y.

Mais les femmes de France veillaient. Au foyer, elles avaient gardé les idées saines d'antan et les avaient semées vaille que vaille dans l'âme de leurs fils. Ce sont ces idées de fond qui ont couvé sous la cendre à l'état latent : au moment solennel où l'homme, sous un choc formidable, se révèle tel qu'il est, la France masculine, pétrie par les femmes, s'est levée et elle a communié au même idéal patriotique, religieux et moral... »

Exposant ces idées à Fère-Champenoise, en septembre 1915, le prédicateur touche si bien son auditoire, qu'un vieil instituteur décoré s'approche tout en larmes et lui demande la permission de l'embrasser.

Du fond des gourbis souterrains, l'abbé Lagardère continuait à suivre le mouvement féministe que la guerre même, forcément, faisait passer dans le domaine des faits.

Il écrit alors un article prévoyant sur le vote des femmes[1]. En quelques pages où la mesure et le bon sens n'éteignent pas la flamme de son cœur, il recommande à ses lectrices de ne voir dans le bulletin de vote « qu'un devoir de plus à ajouter aux autres, sans détriment pour chacun », de tirer le bien du mal et faire rendre à la loi tout ce qu'elle peut donner au lieu de garder une attitude maussade et boudeuse. « Nous sommes des vivants ; je dirai plus, nous autres les disciples de Celui qui est la vie, nous devons être les vivants par excellence. Notre rôle n'est donc pas de subir passivement le courant... mais de le guider, de le canaliser, de le contenir afin d'en tirer le meilleur parti possible et même de l'orienter vers le bien. »

Le directeur de la *Femme Contemporaine* ne tint jamais un autre langage.

Il suffit de relire ses Revues pour constater qu'elles furent conçues dans cet esprit de mesure et de bon sens qui s'appuie sur la tradition

---

1. *Bulletin National des instituteurs et institutrices catholiques de l'enseignement public.*

éprouvée pour édifier l'avenir, sans rien sacrifier des principes essentiels.

Au vrai, les idées dénommées féministes qui nous effarouchaient en 1904, étaient dix ans plus tard, devenues monnaie courante. Elles sont aujourd'hui plus banales encore. De par la force des choses, le travail de la femme, l'instruction de la jeune fille, tout ce qu'on appelait alors l'émancipation féminine, est admis par tous comme une nécessité. Le vote des femmes est à la veille de passer dans les mœurs. On peut rêver d'un autre état de choses : la vie est là avec ses difficultés multipliées par la guerre et ses conséquences : il faut s'y soumettre. On se soumet, et les idées qui paraissaient hier excentriques sont aujourd'hui des faits.

Le fondateur de la *Femme Contemporaine* et de la *Jeune Fille Contemporaine* fut un précurseur. Là encore, il sut prévoir. Il pressentit l'idée en puissance d'avenir, il la dégagea de la gangue brute du féminisme impie et révolutionnaire, il contribua à la mettre au point et à la lancer dans la société catholique. Grâce à lui et à ses émules, l'évolution hâtée par la guerre ne nous prit pas au dépourvu et nous évitâmes au moins en partie, ses troubles et dangereuses conséquences.

Si Dieu l'avait permis, si la paix avait rendu l'abbé Lagardère à l'apostolat d'après-guerre, nul doute qu'on l'eût revu creusant sous une forme ou sous une autre le même sillon. Chaque jour l'observation le confirmait dans son expérience. Il le voyait : « La société de demain n'aura pas besoin que de pain, elle aura surtout besoin d'idées, d'idées saines. »

Le grand semeur, de son geste large, eût répandu ces idées avec plus d'opportunité, avec plus de force, plus de tact, plus de science éclairée que jamais.

L'œuvre dont il était l'âme ne pouvait lui survivre et nous ne voyons rien qui la remplace entièrement. C'était une noble et grande entreprise. Sera-t-elle relevée, au temps voulu par Dieu ? C'est le secret des jours futurs.

Ce qui fut accompli demeure. Celles qui se sont éclairées à cette lumière vivante en ont gardé une puissance de rayonnement dont les ondes s'étendent plus loin qu'on ne pourrait croire : sait-on jamais la répercussion d'une idée, d'un exemple ? Aujourd'hui femmes et mères, les lectrices de la *Jeune Fille-Contemporaine* qu'on appela d'un joli mot « la promotion de l'espérance », répandent autour d'elles les idées de leur Revue devenues, en passant par leur cœur, des réalités agissantes et aspotoliques qui prolongent à l'infini l'écho de la voix généreuse qui s'est tue.

CHAPITRE IX

Le directeur de la « Semaine Religieuse »
et des Œuvres

Un nouveau poste : la Semaine Religieuse *— Comment la conçoit l'abbé Lagardère — Ce qu'il en fait — Ses opinions — Le Directeur des Œuvres — Sa puissance de travail — Son action — Prévisions sociales et politiques — Après Mgr Petit.*

A quelqu'un qui s'effrayait un jour du travail intense qu'il devait fournir, l'abbé Lagardère répondait fièrement : « ma fatigue est mon métier, je m'en flatte et n'envie nullement le repos. La vie ne vaut que par le labeur et la souffrance. Je plains les âmes qui n'ont pas la passion de l'action et pensent que la vie est une partie de plaisir ; j'envie celles qui ne rêvent que de batailles, de conquêtes d'âmes, de sacrifices et d'amour en Dieu. »

L'homme d'œuvres est là tout entier. Il acceptait le travail avec allégresse. « Mon aller n'est pas naturel, eût-il pu dire avec son compatriote Montaigne, si ce n'est à pleine voile. »

Il n'a jamais de vie plus puissante que lorsqu'il dépense toutes ses forces dans l'intensité du dévouement. La charge qui ferait ployer des épaules moins robustes l'équilibre et sa force croît avec le fardeau.

Coup sur coup, outre les tâches qu'il s'est données, l'abbé Lagardère est appelé à prendre la direction de la *Semaine Religieuse*, puis la direction des Œuvres du diocèse. Il assume tous ces travaux sans sourciller.

En 1905, deux ans après la création de la *Femme Contemporaine* et l'année même de la fondation de la *Jeune Fille Contemporaine*, en pleine époque de lutte religieuse, Mgr Petit nommait l'aumônier du Carmel directeur de la *Semaine Religieuse* du diocèse de Besançon.

Un poste, pour ce prêtre dévoué, n'est jamais une sinécure. Que pense-t-il de celui-ci ? Quels sont ses projets ? Nous pouvons le savoir en lisant la lettre qu'il écrivait plus tard des tranchées, au prêtre appelé à le remplacer, la vacance se prolongeant hors de toute limite prévue.

« Je me représente le directeur de la *Semaine Religieuse* comme un soldat au poste d'écoute : il tient son esprit éveillé sur tout ce qui se passe dans les tranchées du diocèse ; il regarde les mouvements de l'ennemi, les travaux de sape qu'il fait, les boyaux nouveaux qu'il creuse ; il écoute les moindres bruits d'en face et il en avertit ses chefs, répondant au *Custos quid de noete*, et il en parle avec ses camarades. Avant de dire, il écoute ; quelquefois il tire sur l'ennemi, il pousse le cri d'alarme ; le plus souvent il se tait et se contente de prévenir son chef de ce qui se passe.

Tout ce rôle est délicat, important, affaire de doigté, de tact et de milieu. »

En résumé, l'abbé Lagardère voit dans la direction de la *Semaine Religieuse* « un très beau et très noble ministère, celui de l'apostolat de l'idée... »

« Le mal contemporain, s'écrie-t-il, dans un de ces élans surnaturels dont il est coutumier, le mal contemporain, c'est l'ignorance de la vérité. La plupart des hommes ne savent plus rien de Dieu, de l'Église, de la grâce des sacrements, de la nécessité de l'expiation. Nous rappeler humblement entre nous la nécessité de prêcher ces vérités par tous les moyens, d'entretenir en nos âmes sacerdotales le feu sacré, la puissance de la grâce et de la vertu pour transformer les âmes, quelle belle mission ! N'est-ce pas un peu celle de la *Semaine Religieuse* et de tout journal catholique ? »

Parce qu'il en est convaincu, le directeur nommé par Mgr Petit va faire du périodique à l'allure débonnaire qui lui est remis un excitateur de zèle, un instrument de renseignement, un bulletin de combat et une tribune où retentiront les plus suggestifs accents de l'Église.

La *Semaine Religieuse* étant l'organe officiel de l'archevêché, les directions de l'autorité, transmises par elle, s'animent. Bientôt, elle fait appel au clergé et s'adresse à toutes les bonnes volontés pour enrichir sa documentation. Elle publie une chronique diocésaine vivante, complète, signalant les initiatives avisées ou les entreprises fécondes des bons ouvriers. Chaque numéro contient un article du directeur, éloquent et clair, une page alerte, toute pleine d'idées qui, en illuminant les esprits, prépare l'action efficace.

Un recueil qui réunirait ces articles, publiés chaque semaine durant près de dix années, renfermerait toute l'histoire de la France religieuse de l'époque, avec ses luttes et ses conquêtes, ses craintes et ses espoirs, avec ses errements même et ses pusillanimités pressentis et signalés par le veilleur de nuit qui ne se lasse pas de prêcher l'effort, d'appeler à la résistance contre les forces de déchristianisation — « la résistance contre la loi » si le pape ordonne de la rejeter, ou « la résistance par la loi », s'il conseille de la subir[1]. Il donnerait aussi une idée exacte du zèle intense et tout surnaturel de ce vrai prêtre, uniquement soucieux des destinées de l'Église de France et des âmes à sauver.

On peut lire au hasard pour s'en convaincre, quelques-unes des lignes innombrables où il presse ses frères d'agir et excite leur courage :

---

1. *Semaine Religieuse* du 6 janvier 1906, au moment où les cultuelles sont encore discutées.

« Nous avons acclimaté le découragement parmi nous et créé la confrérie des bras croisés et même des bras cassés, comme si vraiment il n'y avait rien de mieux à faire qu'à crier à l'inutilité de l'effort ou noyer les enthousiasmes d'autrui sous des douches d'eau froide[1]. »

...« Nous avons mieux à faire qu'à perdre notre temps en récriminations stériles, nous avons à nous organiser pour tirer de la situation nouvelle qui nous est faite, le meilleur parti possible[2]. »

Est-ce à dire qu'il accepte les faits et se résigne ? Non pas. Il ne consentira jamais pour l'Église à cette « situation nouvelle » et il ne cessera pas de revendiquer la liberté du bien. On ne prescrit pas contre le droit, dira-t-il implicitement et explicitement : « L'Église ne prendra jamais son parti de n'être pas maîtresse d'école » ou d'être entravée dans quelque autre fonction de sa divine mission.

Comment cet homme de foi et d'action serait-il partisan du laisser-faire ? Il n'aime que les combattants intrépides. Les trembleurs, les hésitants, les catholiques timorés et tous les gens qui mettent leur drapeau dans leur poche, lui donnent la nausée.

En sa jeunesse, l'abbé Lagardère, brûla quelques chandelles à l'illusion libérale : elle s'accordait alors au moins en apparence, sous

1. *L'Action sous toutes ses formes* : S. R. du 17 mars 1906.
2. *S. R.* du 20 janvier 1906.

les traits que lui avait fait l'école de Montalembert, avec le mirage de l'âge et la générosité de sa nature.

Puis, le libéralisme à ses débuts enregistrait quelques succès. La lettre pontificale du 16 février 1892 paraissait apporter des suggestions opportunes et de sages esprits purent alors partager les espérances de Léon XIII. L'abbé fit écho à la voix du magistère suprême, poussé d'ailleurs intérieurement par ses désirs impérieux d'apostolat, cherchant à utiliser pour la seule fin surnaturelle toutes les forces humaines disponibles.

Sa pensée, éclairée par les faits, évoluera par la suite dans le sens de l'énergie française. « C'est l'étude des hommes du peuple, écrira-t-il à la guerre, qui m'a converti aux traditions politiques : je ne crois plus qu'aux élites. »

Quelques pages magistrales du cardinal Billot, son ancien professeur de l'Université Grégorienne, tombant en ce terrain préparé, y versent une lumière nouvelle : « j'ai vu en deux heures de lecture réfléchie, déclare l'aumônier avec sa sincérité coutumière, ce que je n'avais pas vu en vingt ans d'étude. »

On entend bien que ses idées sociales ne changent pas pour autant. Le *misereor super turbam* émeut son cœur, tout comme au jour où il applaudissait Harmel « le bon père[1] », à une

---

1. Ainsi le nommaient les ouvriers de ses filatures.

conférence du Séminaire Français. Demain, il soutiendrait encore les Semaines sociales et les conceptions de la fraternité organisée des Ozanam, des de Mun, des la Tour du Pin.

Mais il s'écarte de plus en plus de l'État démocratique.

Comme on l'affublait un jour de « républicanisme » il déclina l'épithète avec indignation, « car, dit-il, j'accepte la forme du gouvernement, mais je hais la République sectaire qui fait la guerre à l'Église et je crois la République honnête impossible en France. Je distingue comme Léon XIII entre la forme républicaine et les lois anticatholiques. J'accepte la forme pour ne pas faire de révolution, mais je voue une guerre implacable à la législation athée et je mépriserais un prêtre qui serait le républicain d'une telle république. »

A l'époque où il prenait la direction de la *Semaine Religieuse* de Besançon, l'abbé Lagardère n'avait guère le loisir de débrouiller l'écheveau des opinions politiques.

C'est par le cœur surtout qu'il fraternisait avec les grands soldats catholiques du XIXe siècle, fervents de liberté. Encore est-il vrai de dire que, fidèle à lui-même, il divisait ses sympathies entre les hommes de l'Univers qui ne souffraient pas que la vérité fut diminuée, et les hommes du Correspondant qui tremblaient d'éloigner quelques esprits de la lumière par une arrogance d'accent.

Prêtre d'abord, catholique et patriote, tout ce qui atteignait l'Église le blessait au cœur, tout ce qui amoindrissait la France l'accablait d'intime souffrance.

Ses affections intimes l'inclinaient vers Napoléon — dont il évoquait pas instant le masque d'une manière incroyable. — Il aimait en lui l'époque fabuleuse où l'on vivait en pleine gloire et le héros qui incarnait « la dernière des grandes existences individuelles[1] ». Il ne s'inféodait pas au régime, sachant séparer les hommes des idées : ce qui est le propre des esprits clairs qui jugent en liberté ceux qu'ils aiment par affinité sentimentale ou par affinité de tempérament.

Bonaparte, homme d'ordre et d'autorité, attirait cet autre homme qui se déclarait un jour, entre officiers, « un effroyable partisan de l'ordre en tout ». Même force et même constance de volonté chez l'un et chez l'autre, même tempérament à la fois nerveux et sanguin, même facilité d'adaptation, même puissance de travail, même audace conquérante, tournée ici vers l'empire du monde, orientée là tout entière vers les conquêtes divines. Et c'est pourquoi le fils des soldats de Montluc aima le Petit Caporal.

Enfin et malgré tout, l'abbé Lagardère aima son temps. Il estimait que chaque époque a du bon et du mauvais, l'humanité étant la même à tous les âges de l'histoire, et que l'essentiel est

1. CHATEAUBRIAND.

de travailler à éclairer les intelligences, à purifier les cœurs, à tenir tête aux courants contraires en s'appuyant sur l'éternel, sans jamais prendre son parti du mal. Il croyait à la vertu de l'effort et de la résistance et se félicitait de vivre dans un âge où il pouvait dépenser toutes les énergies de son être au service de Dieu.

« La vie est un combat sans trêve : pourquoi nous plaindre d'avoir à le mener plus rudement que nos pères ? » disait-il, dans un discours aux catholiques militants. « On est déjà vaincu quand on cesse de croire la victoire possible... Perfectionnons donc chaque jour notre art de faire la guerre, augmentons par l'esprit de prosélytisme le nombre des combattants, redoublons d'énergie dans les luttes modernes et en avant, ne serions-nous que les trois cents de l'armée de Gédéon ! »

Il ne trouvait pas de meilleurs vœux à offrir aux lecteurs de la *Semaine Religieuse*, au seuil d'une nouvelle année, que de leur souhaiter « une existence pleine et surnaturelle où l'on jette le meilleur de soi sans marchandage et sans regrets, une vie de luttes continuelles, de dévouement et de sacrifices, d'épreuves et de labeurs incessants... » Une telle vie lui paraissait « enviable au premier chef », parce qu'elle « prépare l'éternel demain, le jour sans déclin ».

Ces accents et d'autres semblables, qui se succédaient dans l'organe diocésain, réveillaient les consciences et rectifiaient les idées. La *Se-*

maine Religieuse tirait à cinq mille exemplaires. Elle était devenue peu à peu, selon le désir de son directeur, une de ces œuvres d'idées qu'il considérait comme les œuvres essentielles, les œuvres mères, propres à engendrer les actes régénérateurs. Il voyait dans la presse l'instrument de propulsion de l'idée, instrument capital qu'il mettait, après la parole apostolique, à la base de la rénovation religieuse. Il en attendait la transformation, lente mais assurée, des cerveaux faussés par la philosophie du devenir. Ce n'était pas un penseur de cabinet clos, aimant une idée pour elle-même, la ciselant en dilettante. Non. Sitôt née dans son esprit, il la jetait dans la mêlée et la jugeait aux faits qui pouvaient en sortir. La presse lui offrait le grand moyen de diffusion qui multipliait par mille le retentissement du Verbe. C'est pourquoi la *Semaine Religieuse* fut, avec la *Femme Contemporaine*, avec la *Jeune Fille Contemporaine*, avec son imprimerie, l'une des œuvres à laquelle il attachait le plus d'espoir.

Il jugeait de la qualité de l'amitié à l'empressement que ses amis mettaient à lire ses publications. Aperçoit-il la *Semaine Religieuse* non découpée dans une maison familière, il s'en chagrine comme d'une marque d'indifférence : qui n'a pas souci de sa pensée ne lui témoigne pas un véritable intérêt.

D'ailleurs, les droits de la vérité mis à part, il n'était rien moins que féru de ses idées propres.

Il ne s'attribuait pas l'infaillibilité, et la contradiction le trouvait prêt à céder, s'il lui était démontré qu'il se trompait et que le mieux était ailleurs. Et c'est la preuve de sa droiture et de sa noblesse. On peut risquer de se contredire sur des questions de forme ou d'opportunité quand l'essentiel ne varie pas, quand l'esprit reste fidèle à lui-même et ne cesse d'adhérer à la vérité.

Les idées remuées par cette activité intellectuelle tout apostolique, suscitaient l'éclosion d'œuvres bien vivantes.

C'était à l'époque de l'organisation des diocèses. La Franche-Comté, une des régions religieuses les plus actives de France, fut aussi des premières à comprendre la nécessité des cadres destinés à grouper les œuvres, à les soutenir, à les coordonner pour en faire une force disciplinée, apte aux bienfaits matériels, mais aussi aux conquêtes spirituelles dont le rêve n'abandonnera jamais l'Église.

Mgr Petit ne chercha pas longtemps l'homme auquel il devait confier le nouveau service créé. Qui donc était plus capable de donner à l'action catholique puissance et vigueur, que le vaillant soldat toujours sur la brèche, entraînant les courages ? Le directeur de la *Semaine Religieuse* qui, depuis trois ans, ensemençait la terre du diocèse, devint, en 1908, à l'époque du Congrés eucharistique de Faverney, le directeur des Œuvres.

Un bureau diocésain divisé en sections, fut aussitôt constitué, à l'exemple de celui de Belley, fondé par Mgr Labeuche. C'est au cours des années qui suivirent, que l'abbé Lagardère, avec le concours de M. Guiraud, organisa les campagnes rendues nécessaires par la condamnation des Manuels d'histoire et de morale portée par l'unanimité des évêques de France. L'actualité de cette campagne n'est pas diminuée, et si l'objectif a pu changer, la constitution des Associations de Chefs de Famille est rendue plus nécessaire que jamais, pour surveiller les écarts de langage de certains instituteurs, pour lutter contre les écoles géminées et pour empêcher que les projets de l'école unique ne ruinent nos écoles privées catholiques.

A l'appel du Directeur des Œuvres, les cinquante-neuf cantons du diocèse se constituèrent en comités paroissiaux et groupements cantonaux et chacun d'eux institua une Association de Pères de Famille. Chaque année ensuite, l'abbé Lagardère organisa un Congrès diocésain où les catholiques se réunissaient pour passer en revue les progrès accomplis et pour stimuler le zèle des hommes d'œuvres. A Gray et à Besançon, à plusieurs reprises, se tinrent des Congrès dont le succès pour être moindre que celui des Congrès tenus après guerre, eut cependant une heureuse influence sur le développement des œuvres du diocèse. Ainsi fut inaugurée la tradition de ces réunions annuelles où les catholiques prennent conscience de leur force et de leur nombre, apprennent à connaître les méthodes d'apostolat moderne et reçoivent de leur chef les mots d'ordre nécessaires.

En même temps, l'abbé Lagardère s'essayait à grouper les femmes du diocèse en une Fédération féminine qui eut un organe bi-mensuel : *le Bulletin de l'Union des femmes catholiques de l'Est*. En ce domaine encore, il eut le mérite d'être un précurseur et son successeur à la direction des Œuvres[1] n'aura qu'à suivre le sillage tracé par son devancier pour développer et accroître cette Union des Femmes catholiques avec un nouvel organe : les *Ruches de l'Est*.

Ainsi l'abbé Lagardère donne à tous les rouages de l'activité diocésaine l'impulsion nécessaire.

Son esprit actif et juste, que nul effort ne rebute, suit les lois, observe les faits en travailleur infatigable, en ouvrier de bien qui a la compréhension et l'amour — nous allions dire, pour reprendre en les lui appliquant ses propres paroles, la passion de son temps et de son pays. Il se mêle à toutes les questions, il étudie tous les problèmes, il va au-devant de tous les besoins. Mais il vise d'abord au soulagement de la pire misère, la misère de l'ignorance et du péché. Les

---

1. M. le chanoine Dubourg, Directeur des Œuvres du diocèse de Besançon.

deux formes d'apostolat et de charité qu'il préfère sont le catéchisme et la prédication. Voilà les œuvres hors pair auxquelles il donne d'abord ses soins et son dévouement. Si la vertu fait la lumière, la lumière est condition de vertu. Dès lors, il veut faire des esprits éclairés pour faire des âmes vertueuses.

Dans les tranchées de Berles, on prônait à côté de lui la foi du charbonnier ; un poète même s'avisa de défendre en un sonnet « ceux qui ne sont que les charbonniers de la foi ». L'aumônier répondit dans la même langue, de manière moins alerte, mais plus profonde :

« A ma raison inquiète il faut une pensée
« Qui soit lumière intense en mon âme blessée. »

....

« La foi du charbonnier, ajoutait-il en prose, est très bonne pour le charbonnier qui n'a ni le temps ni le moyen de percer les obscurités de la foi... Mais elle est trop commode pour certains hommes qui seraient désolés, au surplus, d'être tenus pour des charbonniers en tout autre ordre de choses... La plupart des saints ont été de grandes lumières. Pour défendre sa foi, il faut l'étudier et savoir que les bases en sont rationnelles, bien loin qu'elles ne soient que sentimentales. »

C'est en éclairant les esprits d'abord, en échauffant les cœurs ensuite, que le directeur des Œuvres essaye de créer, puis d'animer des élites dévouées.

Son attitude est celle d'un entraîneur vaillant, ferme, intrépide et avisé.

Au besoin, il y va de sa personne. En 1913, à Audincourt, il prend la tête de la procession du Saint-Sacrement, pour protester contre l'interdiction municipale et se fait dresser contravention.

Engagé à fond dans l'action, il donne à la plus sainte des causes toutes ses forces de renoncement et de courage.

On le trouve partout où blanchit la moisson. Il prêche partout, il organise tout. Il y passe les jours et les nuits ; il se tue à la tâche. Il parle aujourd'hui à Besançon et voyage la nuit pour être demain matin à l'extrémité du diocèse : à Belfort, où il réunit les catéchistes, à Giromagny où il groupe les hommes du canton. Quand il n'a plus de train à l'heure tardive, il prend une auto pour ne pas manquer au poste qu'il s'est assigné et il arrive suant, vivant, ardent. Est-il obligé de voyager le jour, il prend sa serviette bourrée de notes et de documents et il travaille dans son compartiment à quelqu'un de ses articles ou de ses discours.

C'est l'époque du grand surmenage où les travaux s'accumulent sans qu'il soit possible d'en écarter.

Ceux qui ont connu l'abbé Lagardère à cette date, sont unanimes à témoigner de sa prodigieuse activité. Ses journées de travail comptent dix-huit heures, tout entières dépensées au service de Dieu et des âmes dans les confessions, les prédications, les lettres de direction, les articles, les études, les réunions d'œuvres, l'organisation diocésaine : tâches multiples et diverses qui eussent occupé quatre hommes doués de facultés bien développées[1]. Il en vient à bout grâce à une puissance de labeur intellectuel incroyable, servie par une force peu commune, grâce aussi à l'énergie d'une volonté tenace qui a discipliné l'être physique et moral dans un effort de vingt années.

L'étudiant de Santa Chiara, déjà, s'appliquait à cette œuvre : « Quand je ne puis plus travailler assis, lisons-nous dans ses notes intimes, je me mets à genoux ou je m'étends par terre et je classe mes idées... Le soir, je fais provision de trois ou quatre idées inexplorées et je me jette sur mon lit : quatre heures d'un sommeil de mort suffisent à me donner de nouvelles forces et, après cela, je recommence comme la veille. »

Depuis, le secrétaire de l'archevêque ou l'aumônier du Carmel n'avait cessé de forger en son corps un instrument docile aux besoins de l'âme. Il accordait à l'animal humain l'exercice nécessaire pour décongestionner la tête et

---

1. A sa mort, trois prêtres se partageront les différents postes qu'il occupait. Encore nul ne releva-t-il les revues qu'il dirigeait.

détendre les muscles : un quart d'heure de gymnastique en chambre, ou une heure de randonnée à cinq heures du matin, à travers la campagne, qu'il goûtait en poète. Il rentrait l'âme en fête après avoir surpris la nature à son réveil printanier ou contemplé les montagnes Jurassiennes « sous leur blanc manteau de frimas ». Après quoi, il exigeait de lui un labeur acharné, jusqu'à l'extrême limite des forces physiques.

De tels hommes sont des prodiges d'endurance. Quand leur âme alimente sa flamme au feu sacré, les dons naturels qu'ils ont en partage fécondent ces œuvres innombrables qui étonnent le monde. C'est que rien n'augmente autant la capacité de l'esprit qu'un cœur ardent : l'esprit s'élargit quand il fait chaud dans l'âme ; les pensées sont grandes quand le cœur les dilate.

Notre grand laborieux ne peut cependant gouverner le soleil qui lui mesure le temps. Bousculé par ses nombreux travaux, il a peine à sauver les moments nécessaires à la vie spirituelle. C'est à l'Eucharistie surtout qu'il demande de refaire quotidiennement sa volonté et son courage : « Je voudrais pouvoir communier deux fois le jour », disait-il, pressé par le besoin de l'alimentation divine...

Où trouver aussi, dans cette intense activité le temps de revenir à ses chères études ?

En 1906, avant d'avoir pris la charge des

œuvres du diocèse, il put aller à Rome pour offrir à Pie X une édition du catéchisme romain qu'il venait de traduire en français avec un ancien condisciple de Santa Chiara. Depuis, les moments libres pour un travail personnel étaient devenus de plus en plus rares. Cependant, en 1910, le directeur des œuvres éditait une plaquette à la mémoire du Bienheureux Cuenot, nouvelle gloire de l'Église franc-comtoise[1].

L'apôtre ne croyait jamais faire assez pour le Christ, faire assez pour la France. Tout en se prodiguant dans son lourd ministère, il suivait la marche du mal d'irréligion dans notre pays d'un regard avisé et ferme, jamais découragé, s'appliquant « à voir dans les hommes et les choses non pas seulement le mauvais côté, mais encore l'autre, le bon, ce qu'il y a en eux d'éternellement beau, de providentiel, de divin ! » Cette considération qui n'est faite ni de naïveté, ni de faiblesse, ni de myopie, mais de profonde sagesse, créait en lui l'optimisme, « cette men-

1. Bibliographie. — *Discours et Panégyriques* (Lethielleux, édit. 1905). — *Vie populaire du bienheureux Mgr E. T. Cuenot, évêque de Métellopolis* (Bureau diocésain. Besançon). — *Catéchisme de S. S. Pie X* ou *Abrégé de la Doctrine chrétienne*, traduction en collaboration avec M. Jacquot (Imprimerie Catholique de l'Est, Besançon). — *Haut les Cœurs* : I : Les larmes consolées ; II ; Chants d'épée (Téqui, édit. 1916). — *France... demain !* (Téqui, édit. 1917). *Brochures et études diverses* : La Femme et la politique. — L'héroïsme en épaulettes. — Quand on voudra — La grande hérésie moderne — Saint Bernard — Sainte Thérèse.

talité des êtres sains et forts qui persistent à croire à la bonté de la vie malgré la laideur de l'ambiance et, en raison même de cette croyance, engendrent de nouvelles beautés et atteignent au succès[1] ».

L'optimisme de l'abbé Lagardère l'aveuglait si peu qu'il ne l'empêchait aucunement de marquer, à côté des atteintes faites à la liberté religieuse, les coups de sape portés contre la Patrie par les doctrines perverses. Le français clairvoyant signalait l'insuffisance de notre préparation militaire, le champ libre laissé aux plus dangereuses propagandes, voire la protection accordée aux éléments de désordre.

La France devient une proie pour le mal concluait-il : « demain la franc-maçonnerie, la juiverie et le protestantisme essaieront de la faire assassiner et il y aura chez nous grande pitié. Dieu protègera une poignée de braves, de ceux qui auront gardé les catholiques traditions des ancêtres, et c'est avec cela qu'il pétrira à nouveau la France et en fera le cœur catholique du monde. Vous verrez un jour s'accomplir ce que je dis là... moi, je ne le verrai pas : je mourrai dans l'action, car je serai au premier rang...

« C'est folie de dire ces choses et cependant *je les vois.* »

Ces paroles sont de 1911. Le prêtre-soldat

---

1. L'action sous toutes ses formes, *S. R.* du 17 mars 1906.

eut la mélancolique et douloureuse fortune de voir les faits justifier ses pressentiments. La guerre vint... Et qui oserait dire que nous connaissons à présent le visage de la paix ? Toutes les menaces montent à l'horizon : De quoi demain sera-t-il fait pour la France ?

En tout cas, l'aumônier militaire de 1914-1918 pas plus que le directeur des œuvres de la veille ne croyait à l'approche des temps paradisiaques. Représentant de la théologie de l'Etre, il savait que tout a été donné dès le commencement, et que ce n'est point en reniant le Verbe que l'humanité retrouvera l'âge d'or. Il constatait : « la guerre actuelle montre une face des choses. Certaines âmes et des meilleures s'y renouvellent dans la souffrance et dans l'action. La guerre retrempe des âmes de soldats dans notre pays, elle fait des hommes d'abnégation, des réfléchis, des orants et des agissants ; elle prépare des lutteurs, des vaillants, des preux qui, pour défendre le vrai, le bien, la vertu dans les âmes, les familles et la nation, sauront souffrir et se faire tuer, rien de plus.

...Donc, demain, il faudra lutter comme aujourd'hui, peut-être plus qu'aujourd'hui et mourir autrement. Le « changé » sera dans le sens des lutteurs qui seront plus aguerris, non dans le sens des ennemis qui seront plus acharnés... »

La guérison morale de la nation que d'aucuns

croyaient assurée, au temps de l'union sacrée, apparaissait rien moins que certaine à sa clairvoyance.

La conversion de l'armée ? Trompe-l'œil et littérature. Le ressort moral se détend chez l'homme aussitôt qu'il n'est plus menacé dans ses biens terrestres. Religieux aux tranchées, à vingt kilomètres de la ligne de feu les hommes s'amusent et ne font de la religion, du moins en masse, que par entraînement : « On ne change pas aussi facilement les cœurs ». Le vieux fond de paganisme latent est toujours prêt à se réveiller sous la poussée d'irréligion descendue dans les couches populaires où elle attise les envies et les haines.

En contact permanent avec le soldat, l'aumônier de la 8e Division d'Infanterie sentait, voyait cela : « J'ai peur immense du socialisme », disait-il, en connaissance de cause, « et je tremble pour demain ».

Et l'intrépide soldat, tressaillant à la pensée de l'action prochaine d'ajouter : « si je survis à la guerre, avec quelle joie je me livrerai à l'immense labeur de demain ! »

Mais il nous faut revenir en arrière. Entre temps, Mgr Gauthey avait remplacé Mgr Petit sur le siège archiépiscopal de Besançon.

Le nouvel évêque confirma l'abbé Lagardère dans ses différentes charges — sauf le supériorat du monastère de Notre-Dame de Consolation, qu'il se réserva. — Mais il ne remplaça pas pour le prêtre déraciné de son diocèse, le « Père » dont la mort laissait un grand vide dans le cœur et la vie du fils spirituel. Entre l'archevêque et le subordonné qui ne demandait qu'à servir, aucun lien ne se noua. Ces deux hommes professaient l'un pour l'autre de l'estime, mais, ainsi qu'il arrive parfois entre héros de « vies parallèles », ils n'entraient point dans la pensée l'un de l'autre — faute peut-être d'avoir senti battre leur cœur une fois d'une même émotion. — Et l'ouvrier ne reçut pas le puissant réconfort de la chaude sympathie que le chef peut consentir, sans amoindrir son autorité, vis-à-vis des plus dignes. Il n'en persévéra pas moins dans sa tâche.

Nous croyons savoir que l'évêque d'Agen avait désiré vivement le retour du prêtre à son diocèse d'origine, mais, par délicatesse, il ne le lui avait jamais demandé ; l'abbé Lagardère de son côté, était rivé à Besançon par toutes ses œuvres.

Il ne rentrera dans la petite patrie, où son cœur désira plus d'une fois revenir, que pour le grand repos de l'éternel sommeil.

Est-ce à dire qu'il ne compte plus pour la défense de nos libertés françaises et religieuses ? Les morts que nous oublions n'en sont pas moins au premier rang de l'armée du bien. Ils informent les vivants, ils les conduisent à la victoire. « Ils ne sont plus seulement les enfants de la France, ils en sont devenus, comme il disait lui-même, les libérateurs et les rédempteurs[1]. »

Le vaillant apôtre avait raison : sa vie et son sacrifice pèsent encore dans la balance de nos destinées et son âme héroïque pouvait défier la mort et chanter dans les larmes : « après moi, d'autres viendront meilleurs : je les aurai un peu préparés, mon sang répandu les aura fait naître. »

----

1. Discours prononcé le 6 octobre 1915.

CHAPITRE X

Le directeur de consciences

La direction, œuvre essentielle — Les débuts du directeur — Sa manière : paternelle, prudente, attentive, dévouée, vigoureuse — Les moyens : l'humilité, la docilité, l'amour de la Croix — Le directeur adéquat à ses pénitents.

Le prédicateur, le directeur des œuvres de Besançon croyait à l'apostolat des foules : il attendait plus encore de l'apostolat direct et individuel.

A quelqu'un qui le pressait d'assister à la Semaine Sociale de Saint-Étienne il répondait : « la Semaine Sociale ne m'intéresse qu'à demi. On y fait les lois et moi je prépare les mœurs qui feront accepter les lois. Les législateurs en chambre, c'est bien ; les ouvriers de bien qui s'appliquent à transformer les âmes une à une me semblent faire mieux. »

C'est ainsi que, pour le prêtre profondément surnaturel, les vraies œuvres sont bien moins les actions extérieures qu'il conduit que les vies morales qu'il élève ou ressuscite : ou plutôt, celles-là ne valent qu'en vue de celles-ci : l'œuvre unique, à quoi tout converge, est celle qui façonne et pétrit les âmes.

Ainsi pensait l'abbé Lagardère : la direction était l'œuvre par excellence à laquelle il subordonnait toutes les autres tâches. S'il croyait pouvoir faire du bien à une âme en peine ou en péril, il laissait tout pour cet apostolat.

Quand il descendait de l'autel, avant d'aller aux tâches pressantes qui le réclamaient, il entrait dans son confessionnal ouvert d'un côté sur le cloître, de l'autre sur le monde, et recevait les confidences de ses pénitents.

Quand il avait peiné tout le jour, attelé à sa charge, au soir d'un Congrès, au retour d'un voyage apostolique, il s'asseyait à son bureau, dépouillait les lettres qui s'entassaient par vingt, trente, sous sa main, et y répondait. Il faisait écho aux plaintes, il donnait les conseils qu'on sollicitait. Il ne se coucha jamais en laissant une détresse sans secours. Au plus fort de sa vie de travail et jusque dans les tranchées plus tard, il fit droit aux moindres requêtes spirituelles. Ses lettres se comptent par milliers, et combien portent à côté de la date, cette mention éloquente : onze heures et demi du soir, minuit, une heure du matin.

Dans le courant de la journée, il accueille tous les visiteurs et répond à toutes les demandes. « J'ai vu des âmes, dira-t-il, au soir d'une journée remplie par ces audiences : une âme de simple, bonne et aimée de Dieu ; une âme que le mal hideux avait blessée profondément, et que je ne pus faire revivre ; une âme d'heureux de ce monde, et Dieu n'y avait nulle place ; une âme que la douleur avait frappée et je me suis penché tendrement comme Jésus... »

Nulle tâche n'était pour lui plus sacrée ni plus consolante. On sent la joie intime emplir son cœur quand il lui est permis de dire : « ce matin, j'ai pu consoler, éclairer et purifier bien des âmes ». Aussi le pasteur, tout accaparé qu'il est par son troupeau, ne repousse jamais une nouvelle brebis. Il reçoit un jour d'un couvent trois demandes de religieuses qui sentent le besoin d'avancer et veulent être dirigées ; aussitôt de s'écrier : « béni soit Dieu qui me permet de lui servir d'instrument ». Au besoin, il sollicite, dans son grand désir de sauver : « J'ai écrit ce matin une longue lettre à X... où je voudrais faire revenir à la grande vie divine une âme que je sais belle. »

De bonne heure, le ministre de Dieu avait été conduit à remplir la tâche de directeur de conciences.

Nous l'avons vu à Saint-Caprais, donnant à ses petits pénitents le meilleur de son zèle. « Le vaste champ des âmes des adolescents » était « le ministère par excellence », pour lequel il se dépensait avec enthousiasme.

Déjà l'ardeur du jeune professeur rayonnait

et attirait. Des confrères même venaient à lui, à sa grande confusion. « Le plus humilié dans ce cas, confessait-il, est celui qui lève la main pour absoudre... » Mais il est obligé d'ajouter : « Quel souffle brûlant passe alors dans ma poitrine pour aller à ceux que je voudrais édifier, voir grandir, palpiter, aimer ! Tout mon cœur est en émoi, ma vie est décuplée !... »

Voilà bien la ferveur du zèle ! Elle ne fit que croître au contact de Rome, puis à l'école de Mgr Petit, que l'abbé Lagardère comparait à Mgr Gay, le grand écrivain mystique du XIXᵉ siècle, dans ses épîtres de direction.

L'évêque du Puy trouva en la personne de son secrétaire un disciple capable de comprendre le maître et de le continuer. Il le savait et c'est pourquoi, nommé à Besançon et ne pouvant assumer la correspondance spirituelle que son départ du Puy allait alourdir encore, il confia à l'abbé le soin de quelques âmes choisies[1].

Les personnes qui entrèrent ainsi en rapports suivis avec ce directeur désigné, eurent vite fait de voir à quelle riche nature de prêtre elles avaient affaire. Elles lui demandèrent d'autant plus qu'il donnait davantage. Bientôt, elles exigèrent de lui ces conseils approfondis, fermes, prudents, suivis qui font de la direction un trésor de charité, de science et de sagesse.

L'abbé Lagardère commence alors cette cor-

---

1. Voir chapitre v.

respondance assidue et attentive qui sera l'un des grands moyens de son influence spirituelle — le plus grand, s'il est vrai qu'on sauve les âmes une à une et que l'on n'exerce guère d'action profonde sur elles qu'individuellement.

A mesure que ses œuvres le font connaître, le nombre de ceux qui sollicitent les conseils du docte prêtre augmente. Il en vient de partout : du château et du foyer modeste, de la France et de l'étranger : jeunes gens et mères de famille, laïques et religieuses. L'apôtre les accueille tous d'un cœur égal, avec un égal dévouement.

C'est que le ministre de Jésus-Christ n'entend pas se sauver seul ; il lui faut des âmes à élever et par qui s'élever, force humaine et divine à la fois qui est « un besoin absolu » de sa nature.

La grâce se sert de mille moyens pour arriver à sa fin unique et le renoncement chrétien revêt bien des formes. Chacun porte en soi ses tendances : les circonstances autant que les sentiments liés à son individualité, lui tracent son sillon, en fonction de ses aptitudes, de ses qualités, de ses défauts même. La nature et la grâce s'accordent pour faire d'un homme, quand il s'y prête, un type achevé, en son genre propre, de grande et belle humanité. Chez l'abbé Lagardère, la sanctification des autres se mêle étroitement à sa sanctification personnelle. Pour arracher les âmes au mal et les donner au Christ, il n'est rien dont il ne soit capable.

Sa direction est une vraie paternité. Père selon

la grâce il a, outre les vertus surnaturelles, les
meilleures qualités du père selon la nature : la
fermeté, la bonté, la prudence, la clairvoyance,
la sagesse, l'esprit de décision. Toujours prêt à
servir d'appui aux pas chancelants, il donne
avec le pardon divin, la grâce de la lumière qui
éclaire, la grâce de la force qui rend victorieux.
Il verse dans les âmes le vin de l'énergie ou le
baume de la sainte amitié, il donne Dieu en se
donnant sans mièvrerie ni parcimonie aucune,
sauf la retenue que lui impose son caractère
sacré. Il se fait vraiment tout à tous. On pourrait dire de lui comme de Sainte-Beuve : au lieu
d'assujettir, il commence par se livrer, au lieu
d'abstraire par sentir[1].

Toutefois, il tâte le terrain, si je puis dire,
avant de s'y engager. Une religieuse qui a béné-
ficié largement de sa direction, raconte ainsi
comment elle entra en rapports avec lui.

« C'était au cours d'une retraite prêchée à
la Communauté. A travers l'éloquence puissante
de l'orateur, perçait le directeur. Je fus une des
premières à lui ouvrir mon âme dans un essai de
revue générale. Il m'écouta dans un silence
impressionnant. A mes explications sur un point,
il se contenta de dire « et puis ? » indiquant ainsi
qu'il avait compris et qu'il était inutile de s'étendre. Quand j'eus fini, je m'enhardis à lui déclarer
que depuis longtemps j'attendais un guide...

1. *Impressions sur Sainte-Beuve* : Ch. G. AMIOT.

que mon confesseur lui-même, en des circonstances difficiles, me poussait à chercher un autre conseil... Il me laissa dire sans m'interrompre. Le silence se fit, je dus interroger. Alors, lentement, sur un ton solennel qui me glaçait presque : « je ne vous connais pas, je ne connais pas votre entourage, je ne puis vous donner de réponse immédiate. — Alors, à la fin de la retraite ? — Nous verrons... »

A la veille de son départ, rien n'était encore décidé. Prenant mon courage à deux mains, je hasardai : « Et pour mon âme, mon Père, Notre-Seigneur ne vous a-t-il rien dit ? — Non, répondit-il tout court. » Il y eut un instant de silence... Me ressaisissant immédiatement, je répliquai : « Mon Père, c'est bien, je voulais une réponse claire et nette, vous me la donnez. Je l'eusse souhaitée différente, mais, quand vous serez parti, je n'y penserai plus ; je dirai à Dieu : ce n'est pas encore ce secours que vous me destiniez, et j'attendrai en paix l'heure du Seigneur. » — Vous êtes donc dans l'indifférence ? interrogea-t-il. — Oh ! la plus complète, je ne veux et ne cherche que la volonté de Dieu... — C'est bien, reprit-il, vous venez d'obtenir mon adhésion à vos désirs en me témoignant votre indifférence pour l'instrument. Me voici donc tout dévoué au service de votre âme... » Une exhortation courte, mais fervente sur la nécessité de s'oublier, de s'immoler fut le premier anneau de cette chaîne de grâces qui devait fortifier une âme et l'aider à traverser de dures épreuves.

L'abbé Lagardère ne voulait pas qu'on cédât en venant à lui, à un mouvement d'enthousiasme : il voulait des garanties. De là ces lenteurs calculées qui eussent découragé une volonté moins résolue et moins détachée à la fois.

La prudence satisfaite, la charité rayonnait du cœur du Père. « Il faut beaucoup aimer pour sauver, déclarait-il, la sympathie est un élément capital dans l'édifice spirituel des âmes et je plains l'homme, le prêtre qui ne sait le comprendre : celui-là ne fera aucun bien. »

Saint François de Sales disait déjà de ceux qui ne savent pas aimer : « Ces cœurs demi-morts, à quoi sont-ils bons ? »

L'abbé Lagardère savait aimer, aimer divinement et humainement avec toutes ses puissances nobles, harmonisées en Jésus, purifiées dans le sacrifice. Il élevait l'amitié dans le divin ministère à la hauteur d'un sacrement. Pour attirer les âmes, il commençait par les aimer, pour les retenir, il les aimait encore, pour les gagner enfin et les jeter dans les bras de Dieu, il les aimait de plus en plus fort, de plus en plus surnaturellement aussi. C'est « le médecin qui établit sa vie sur les hauteurs ; il en descend pour aller aux souffrants et remonte aussitôt vers la solitude où il s'efforce de trouver Dieu qui lui tient lieu de tout[1] ».

----

1. Lettre à Mlle F.

Véritable homme de Dieu, protégé par la foi qui est sa règle, ce médecin spirituel professait que la vie surnaturelle doit se greffer sur la vie naturelle d'abord, celle-ci servant de support à celle-là et permettant d'élever un édifice solide. Il voulait que tout vive et agisse en l'âme, à condition que chaque sentiment, chaque geste fut à sa place et dans son ordre, allant à sa vraie fin par l'accomplissement fidèle de la loi. « Le devoir est de bien user de toutes choses, écrit-il à une de ses filles spirituelles, et de se tenir si bien en garde contre soi, qu'on soit prêt à ne refuser aucun sacrifice au Maître, quand il daigne le réclamer[1]. »

Peu à peu, il faisait ainsi comprendre comment la vie divine appelée à absorber un jour la vie de la nature et à l'éliminer, doit commencer cette œuvre ici-bas et grandir — opportunément et doucement — aux dépens de l'autre, en la transformant plutôt qu'en la tuant. Venait le jour, où l'âme conduite de renoncement en renoncement s'entendait dire la parole ultime : « Mourons, ma fille, mourons à tout ce qui est vie purement naturelle[2]. »

En attendant que les ailes poussent, les pieds posaient par terre. Conception mystique bien vivante, propre au sens religieux de notre race, basée sur la « conviction que le monde visible est la figure du monde invisible et qu'on ne sau-

1. Lettre à Mlle F.
2. Lettre à une religieuse.

rait trop le chérir et l'élever à force d'amour et de sainteté jusqu'à son type parfait, ou du moins l'en approcher[1] ». C'est l'ordre suivi par les saints de chez nous en qui le divin se développe harmonieusement jusqu'à la pureté parfaite.

Mais il faut reconnaître que ce programme suppose une richesse de cœur et une générosité rares. Il faut dire aussi que, levier puissant et délicat, il exige de qui le manœuvre un doigté, une élévation morale, une sûreté de jugement et une énergie proches de la sainteté. Le prêtre capable de se tenir à cette règle et d'y assujettir les autres, est maître en spiritualité : il crée, il anime, il ressuscite.

L'abbé Lagardère était cet animateur. Il se mettait en pleine vie, au niveau des hommes et des choses, avec une sympathie si spontanée et si rapide que, aussitôt, il n'était plus un étranger. Il savait enflammer de noble passion les indécis ; il leur communiquait la ferveur de sa vitalité et de sa foi, les soulevait dans une sphère supérieure et réveillait chez ces dieux déchus, l'orgueil sacré de leur destinée.

C'était un excitateur. Soumettant les âmes à un véritable entraînement, il obtenait d'elles, peu à peu, le maximum. Il exigeait selon les natures, réclamant de chacune l'effort qu'elle pouvait donner, la perfection qu'elle devait

---

1. Méditation.

atteindre. Il ne voulait rien de plus, il ne voulait rien de moins.

Ce fervent Ananie aidait du reste grandement à la tâche. Mais il fallait qu'il sente en face de lui autre chose qu'une recherche de soi. L'égoïsme, de quelque nature qu'il fût, le trouvait sur ses gardes et sévère : il le flairait et dépistait de loin ; il lui était impitoyable. A plus forte raison, se détournait-il quand il sentait l'humain dans quelqu'une de ces dévotes, dont parle Mgr d'Hulst « qui ne sont que faiblesse ou vice ». Mais encore, il usait auparavant d'une bonté infinie, et ce n'est que lorsque tous les subterfuges divins, si l'on peut dire, avaient échoué, que lui-même se retirait.

Il n'avait qu'un but, jamais obscurci, jamais voilé : l'apostolat, et tout ce que le mot comporte de désintéressement mais aussi de vivante et délicate bonté dans son épanouissement, rayonnait en son sacerdoce. Passionné de sainteté pour lui et pour les autres, brûlé d'une ardeur contagieuse, il projetait tout alentour la flamme lumineuse de sa charité.

Au besoin, il forçait les retranchements intimes par des accents irrésistibles : « Votre âme, m'est plus chère que tous les biens de ce monde, écrivait-il à quelqu'un qui différait sa conversion. Pour elle, je renoncerais demain à la vie, je consentirais à porter toutes les croix. Mais il me la faut cette âme ; il la faut à Jésus-Christ : il la demande par ma voix, avec cris, avec larmes...

donnez-moi un peu d'amour pour le divin Maître !... »

Et l'on donnait ! Il est certain que la puissante personnalité de l'homme exerçait en pareil cas l'ascendant de l'énergie sur les natures secondes faites pour être gouvernées, mais il est certain aussi que la parole de l'apôtre aurait eu moins d'efficacité, si l'on n'avait senti à travers les mots, l'ardente charité qui émouvait les sensibilités généreuses et disposait les volontés à l'effort.

Pour aider à l'ascension, l'avisé directeur se servait de tout. Les épreuves, les accidents, les défaillances, les fautes même devenaient autant de moyens dont il usait pour ranimer les courages ou leur donner un nouvel élan.

Le fondateur de la *Femme Contemporaine*, l'aumônier des cloîtrées, connaissait admirablement le cœur féminin.

Il savait le besoin de certaines natures hautes, mais faibles, qui veulent sentir les rênes et qui ne donnent tout ce qu'on est en droit d'en attendre que si elles sont dominées par une volonté exigeante et forte, guidée par une conscience sévère. Il exerçait sur elles une sage viglance, également loin du scrupule et du relâchement.

A l'une de ses filles du cloître qui confessait une velléité de gourmandise, il répondait avec sa rondeur habituelle : « j'aime mieux vous voir manger une prune, que manger une de vos

Sœurs. » Mais il veillait soigneusement sur la déformation intellectuelle et morale qu'il appelait « l'illusion de la fausse conscience » qui dénature à son usage les vrais principes, ou vit sur des principes erronés, et légitime le mal quand elle ne trouve pas à s'en glorifier, arrivée « à ce point d'illusion que l'erreur demeure presque uniquement son principe conducteur[1] ».

Une profonde humilité, c'était le remède qu'il appliquait lui-même à toutes ses plaies d'âme et de cœur et qu'il enseignait à ceux qu'il dirigeait. Mais une humilité vraie, profonde, sérieuse. Il apprenait à se réfugier là comme dans son centre, pour la sauvegarde de l'esprit et du cœur. A une âme blessée par des procédés indélicats, il écrivait : « Les mille riens de la vie ne valent pas qu'on s'en émeuve : il les faut ignorer, non par orgueil, mais par humilité et bonté d'âme et être reconnaissant à Dieu de nous les faire rencontrer. En nous froissant, ils nous forcent à prendre conscience de Dieu et de nous... Humilité, humilité !

Nous sommes laids par nature ; même quand nous croyons être beaux, d'autres nous trouvent laids parce qu'ils interprètent nos actes avec leurs idées et leur manière de voir. Croyez-vous que nous ne faisons pas très souvent comme eux ? Ah ! que l'humilité et l'esprit de foi sont grandes vertus. »

---

1. Méditation du 15 avril 1918.

Le sage directeur poussait à l'exacte discipline de la vie quotidienne, estimant que les choses essentielles sont les choses communes ; qu'il faut régler sa morale sur le train journalier de la vie et tenir bon aux petites vertus ordinaires dont l'habitude établit l'âme en haut et permet de l'avoir bien en main, lorsqu'il lui faut donner toute sa puissance.

Il voulait que chacun se tienne dans la dépendance de la Providence. En voici un exemple. C'est à l'heure néfaste des expulsions des Communautés, dans un couvent du Centre de la France. Déjà un groupe de religieuses était parti pour l'exil. Une jeune Sœur gravement malade était là. Une seule chance, d'après l'avis du médecin, restait pour lui conserver l'existence : c'était de l'envoyer sous un climat plus chaud. Or, les premières exilées avaient été dirigées vers le Nord. Fallait-il faire une exception en faveur de cette santé précieuse ? Humainement, la Supérieure croyait devoir suivre l'avis du médecin. L'examen de la question fut soumis à l'abbé Lagardère. Il entendit les raisons pour et contre, sonda à fond les dispositions de la malade, demanda du temps pour prier et réfléchir, et enfin répondit : « Je ne suis point partisan d'un changement de maison pour une religieuse cloîtrée. Quitter ses Supérieurs, ses Sœurs, son Couvent, pour courir après une chance de santé qui n'a rien d'assuré, tout cela n'est pas comparable à la beauté d'une âme qui demeure attachée au devoir, là où le bon Dieu l'a mise. » Il admettait les circonstances qui motivaient l'indécision de la Supérieure, mais il ajoutait : « Nous prêtres, religieux ou religieuses, pouvons-nous profiter des circonstances ? N'est-ce pas le cas d'augmenter plutôt la somme de nos expiations, en présence de l'iniquité qui s'affirme ? » Direction toute surnaturelle et marquée au coin de l'énergie.

« Agissez virilement », avait coutume de dire le Père à ses pénitents. A l'occasion, il se servait avec eux des « mots âpres » qui réveillent la volonté engourdie, de « la verge » qui fouette la vertu tiède. Il ne s'attardait pas aux sensibleries. Il voulait « moins de pleurnicheuses » et plus « d'agissantes ».

Plus d'une le trouva sévère à une émotivité extrême : « il ne fut pas toujours tendre avec ma sensibilité, écrit une religieuse, et je m'en suis bien trouvée ».

D'autres s'en laissaient imposer plus qu'il ne convenait par cette sévérité ou décontenancer par l'impétuosité et le franc-parler de l'homme de Dieu. L'abbé Lagardère, il est vrai, ne disait point les choses à demi, non plus qu'il n'aimait pas laisser la besogne à moitié faite. Il eût dit volontiers lui aussi : « Que le gascon y aille si le français n'y peut aller[1] »,

1. MONTAIGNE.

et une fois engagée, il fallait qu'il menât jusqu'au **bout** la sainte tâche.

Mais les brusques expressions de sa franchise et de sa vivacité n'étaient que violence passagère qui n'empêchait pas la bonté paternelle : il se déchargeait de ses impressions trop vives au lieu de nourrir en lui sa peine et de la laisser aigrir son cœur. Pour un tempérament pareil, la promptitude n'était que le sacrifice de l'accessoire à l'essentiel, de la forme au fond, du paraître à l'être.

Il voulait à tout prix pouvoir dire la vérité, toute la vérité. Une âme incapable de l'entendre et d'en profiter ne l'arrêtait pas, il passait outre.

C'était rare. Plus souvent sa parole, fût-elle incisive, tombait en terre choisie. Et si par suite d'un malentendu, on se troublait sous le coup d'une de ses remarques, il n'hésitait pas à faire des excuses, dès qu'il s'apercevait de la méprise.

La charité perçait vite sous la sévérité. « Si le pain de la vérité est sec, disait-elle, la main qui la distribue est douce et je vous veux immensément de bien. » On l'en croyait.

Ceux qui apportaient au « Père » une douleur à panser ne gardaient pas longtemps la crainte de l'homme et le doute de sa bonté.

Familier de l'épreuve, il savait parler la langue des souffrants. Le cœur saignant n'avait qu'à montrer ses blessures pour que se fasse sentir la guérison et descende la paix. Avec quel respect et quelle surnaturelle dilection, le prêtre du Christ se penchait sur les pauvres éprouvés pour les soulager et les relever !

« Dieu, leur disait-il, établit sa demeure auprès de ceux dont le cœur est broyé… Il attend là pour les sauver après les avoir humiliés et écrasés : un jour, chaque blessure, chaque meurtrissure aura un rayonnement divin… »

Voyant clairement les fruits de la souffrance, il ajoutait : « Dieu ne permet le mal que pour un plus grand bien. Demain, l'épreuve n'aura laissé en vous que la charité et la paix[1] ».

Il conjurait les dolents de la vie de ne point s'arrêter à ce qui passe : « Quand donc regarderez-vous au-dessus de la terre ? Quand porterez-vous vos désirs au delà de la tombe ?… Mais que faites-vous donc de l'immortalité ? Que faites-vous de cet infini qui vous tourmente et vous oppresse ? La terre ! Mais c'est hier que nous naissions et c'est demain que nous mourrons et vous ne demandez pour votre part de bonheur que celui dont on jouit ici-bas ? »

La croix en main, la croix dans le cœur, le disciple du crucifié parle sur ce sujet d'abondance. Il se connaît en sacrifices, et quand il prêche l'austérité des renoncements et l'amour de la croix, il n'a qu'à se regarder vivre pour enseigner les autres.

Peu choyé de la vie, l'abbé Lagardère connut surtout en fait de consolations, l'ivresse des

_____

1. Lettre de Rome, 1889.

rudes tâches ; il n'eut guère d'autre joie que celle de peiner fort et de ne pas s'épargner.

Il conseillait à l'occasion les mêmes révulsifs, à ceux qu'il sentait de taille, sachant par expérience la valeur des vigoureux remèdes et l'inutilité, sinon le danger des mièvreries. « Portez votre croix, répétait-il, elle vous portera. » Les peines imaginaires que se forgent les natures mal équilibrées ne le trouvaient pas insensible, mais devant elles, il déclarait franchement perdre son temps « à consoler des malades », et déplorait cette sensibilité maladive : « En vérité, les âmes sont *décérébrées* et *dévolontariées*... On ne sait plus ni penser, ni vouloir, on ne sait plus avoir que des nerfs. » — « Pas de souffrance déprimante et stérile, pas de complaisance pour des mesquineries : secouons-nous. Il y a en nous un petit homme qui a toujours envie de rire quand l'autre a envie de pleurer, ne lui faisons pas trop grise mine. Je vous assure qu'il y a une infinité de choses dont il faut savoir rire, intérieurement surtout ; ce rire-là est une force[1]. »

Jugeant d'un caractère à l'épreuve de la vraie douleur, il l'estimait nécessaire pour tremper les volontés et « donner à leur activité je ne sais quoi de viril et de clairvoyant qui leur fît distinguer sans effort le vrai du faux ».

Ce prêtre énergique aimait les vertus robustes

----

1. Lettre à une religieuse.

et les actions fortes. Aux âmes secouées par le vent de tribulation, il était doux le moment qu'il fallait. Il donnait le baume de sa compassion vraie, profonde, virile, jamais amollissante. Puis, aussitôt que faire se pouvait, il redressait la tige courbée par l'orage, et enseignait l'utilisation surnaturelle des blessures dont on ne guérit pas. Au lieu de « porter son cœur en écharpe » sans profit pour soi ni pour les autres, au lieu d'être « saule pleureur », il voulait qu'on souffrît vaillamment, debout contre la croix, divinement agissant. « La souffrance est une forme de la vie, s'écriait-il, une des plus belles même, car elle permet à l'âme souffrante de dire une messe que rien n'interrompt, et d'être à la fois sacrificateur et victime, ce qui est le dernier mot de la prière et de l'amour. »

Ainsi vous poussait-il aux plus hauts sommets, aux plus nobles ambitions. Il adjurait ses filles spirituelles de ne pas traîner leur vertu dans les chemins battus ; il les excitait aux ascensions rares. « Jamais lasse, jamais lâche », c'était une des devises qu'il se plaisait à proposer à l'énergie morale.

A une jeune religieuse jetée toute vivante dans le creuset de la douleur, condamnée à vingt-cinq ans à une vie de recluse, elle, dont le zèle eût voulu convertir le monde et qui se sentait éducatrice née, il propose l'idéal de la plus complète immolation. « Il faut profiter de tout pour mourir à soi. On n'est fécond que dans la mort. On ne travaille vraiment pour Dieu que quand on est mort à tout, entendez bien, à tout : même à ce qu'on croit être le bien et le vrai... »

Et à mesure que l'âme monte et se dégage, le zélé directeur devient plus pressant et plus incisif. Avec Jésus, il semble jaloux de la beauté de cette âme, et veut activer cette mort à tout le créé dont il s'est fait le prédicateur et l'apôtre. Il écrit donc : « Je me réjouis de tout ce qui vous arrive comme de tout ce qui m'arrive de pénible... Je ne voudrais pas que vous fussiez exempte d'épreuve, pas plus que je ne voudrais en être exempt, mais je vous supplie de tout dominer et de vous dominer vous-même dans la paix du Christ qui est le prix de l'effort et du sang. »

Mais ce fort, répétons-le, avec la volonté droite, quelles qu'en soient les faiblesses, avait aussi des patiences, des indulgences de mère.

Il savait s'adapter aux âmes, tout en restant lui-même, pliant sa personnalité aux besoins qu'il rencontrait, pour redresser plus sûrement, avec elle et par elle, les caractères.

L'aumônier de cavalerie s'entendait à conduire les hommes aussi bien que l'aumônier des Carmélites s'entendait à diriger les femmes. Un officier qui l'a vu de près dans les premières années de la guerre, vante en lui « le confesseur adéquat à ses pénitents ».

Sa manière simple et virile devait, en effet,

convenir à merveille aux soldats. Lui-même nous trace un jour en quelques mots, l'esquisse de l'une de ces rencontres spirituelles : « Dès sept heures, des Auvergnats frappaient à ma porte pour se confesser. A huit heures, j'ai dit la messe, à laquelle ils ont communié... Après la messe, confession d'un autre Auvergnat qui est un scrupuleux et qui trouve bien ma méthode un peu militaire et vigoureuse. J'ai été bon, je l'ai raisonné et nous nous sommes fort bien entendus. »

Il faut lire ses lettres de direction, — nous les publierons un jour, s'il plaît à Dieu — pour juger de la portée de son influence, pour connaître sa qualité et sa diversité. Il descendait à mille détails pratiques, familiers ou simplement gracieux. De même qu'il priait pour la guérison de Mirza son cheval de guerre, il avait engagé une de ses filles spirituelles à prier pour des pies dont on avait défait le nid qui se trouvait tout en haut d'un grand araucaria. Ayant eu connaissance du dénichage, il avait eu pitié des pauvres oiseaux. N'est-ce pas là une bien jolie note d'âme ?

Rien n'est charmant encore comme certaines lettres écrites à des enfants. Le prêtre austère se fait petit avec les petits et laisse pour eux s'épancher librement la tendresse et la poésie de son âme. Et c'est délicieux ! La pensée de foi dont il a coutume se glisse entre les fleurs et incite à la vertu les heureux bénéficiaires de ce dévouement paternel. L'abbé Lagardère s'entendait admirablement à orienter ainsi sans heurt, sans précipitation, les intelligences et les cœurs enfantins vers la lumière. Aussi bénéficiait-il parfois, dans ce petit monde, de vifs attachements qui étaient sa joie. « A mon âge, disait-il, quand le cœur a déjà tant souffert, le sourire d'un enfant aimé m'apparaît comme les rayons du soleil couchant qui viennent éclairer une vallée déjà sombre. Leur amitié m'est donnée pour m'aider à faire avec courage le reste de mon voyage terrestre : mon devoir est d'en jouir avec détachement. »

Il était doux à ces petits, doux au rêve qui battait de l'aile dans leurs jeunes âmes, mais il les guidait d'une main ferme, attentif au moindre écart.

Convaincu de la puissance unique de la grâce, il exigeait de ses petits pénitents la confession fréquente quand il la jugeait nécessaire, et il lui arriva de conduire certains d'entre eux à l'Eucharistie bien avant le décret pontifical qui conviait les enfants à la communion.

Quand parut ce décret qu'il avait devancé, et qu'il appelait de ses vœux depuis longtemps, il l'accueillit avec allégresse.

C'était un fervent de l'Eucharistie « qui réjouit et renouvelle la jeunesse de l'homme ». Il poussait ses dirigés à la communion le plus possible, parce qu'il savait la puissance des appétits à brider, des instincts à vaincre et leur divin remède. « On a beau, disait-il, avoir conçu un splendide idéal, on a beau travailler d'un travail de géant à le conquérir, on arrive vite à se convaincre qu'entre l'idéal rêvé et la réalité, il y a de formidables écarts. Pour ne pas se laisser décourager, besoin est d'aller à Celui qui met sa force aimante au service de notre faiblesse suppliante ».

La communion était donc le grand secret qu'il enseignait aux âmes éprises de perfection. On peut dire que tout l'effort de sa direction convergeait vers ce centre lumineux : l'Eucharistie ; l'Eucharistie nourriture, l'Eucharistie sacrifice, la communion et l'immolation. C'est à ce double et unique amour qu'elle conduisait. De là, son caractère à la fois austère et suave qui forgeait des volontés et trempait des âmes.

Beaucoup de celles-ci qui reçurent de la main de l'apôtre la divine semence, lui rendent témoignage dans la cité céleste. Combien d'autres ici-bas, inconnues des hommes, vivent encore sa doctrine et justifient son œuvre ?

TROISIÈME PARTIE

CHAPITRE XI

Sur les chemins de l'apostolat

*Avec la cavalerie — Aux tranchées — Les conseils
de guerre — A la « popote » : quelques passes
d'armes — Les inhumations de Prosnes — Les
messes au Moulin — Témoignages de soldats —
Les Pâques au front — Le discours du 6 octobre —
Les arrêts — En forêt de Parroy — Dissolution de
la 8e division de cavalerie.*

L'abbé Lagardère connaissait trop les hommes
il avait trop étudié les destinées françaises pour
être surpris par la guerre. Dès que l'Allemagne,
en juillet 1914, braqua sur nous la gueule mena-
çante de ses canons, il connut que l'heure était
venue et se prépara à gagner la frontière.

A cinquante-quatre ans, son âge le déliait
de toute obligation militaire ; mais il n'en jugeait
pas ainsi.

L'amour de la Patrie qui faisait battre le cœur du petit gascon de dix ans, lors de la défaite, et qui arrachait des larmes à l'exilé de Rome, n'avait fait que grandir dans le cœur de l'homme nommé, sur sa demande, aumônier militaire au retour d'Italie. Maintenu comme aumônier de Cavalerie en 1903[1], il se trouvait destitué en 1914, du fait de la séparation. Son ami, M. l'abbé Payen, était dans le même cas. Ce fut lui qui, par la voie hiérarchique, fit télégraphier au Ministère de la guerre pour mettre leur dévouement commun au service de la France. Peu de temps après, il annonçait à l'abbé Lagardère qu'ils étaient les premiers aumôniers nommés aux armées françaises. Il fut accueilli par cette parole où la flamme de l'enthousiasme sacré éclaire l'aile sombre du pressentiment qui plane : « Ah ! mon ami, qu'il serait beau de mourir pour la France... ».

Quand le canon de la Citadelle de Besançon annonça la déclaration de guerre à la ville frémissante, l'abbé Lagardère posa sa plume, abandonna ses œuvres, — à la veille de la

---

1. En 1903 il écrivait : « Je viens d'être maintenu comme aumônier militaire de cavalerie du VIIe Corps d'Armée. Encore une nomination douce à mon cœur de français. Finir sa carrière sacerdotale sur un champ de bataille, en bénissant et encourageant des soldats de France est un rêve que j'aime faire et qui peut devenir une réalité. Si jamais il se réalise, vous pourrez affirmer que Dieu ne m'a rien refusé jamais. » (Cité par Mlle Lya BERGER, dans la notice biographique consacrée à l'abbé Lagardère dans l'*Anthologie des écrivains* morts pour la France. Tome I).

Semaine Sociale qui devait se tenir à Besançon ; — il s'agenouilla sous la bénédiction de son chef ecclésiastique et courut au devant du sacrifice.

Nommé aumônier de la 8e Division de Cavalerie, il part avec elle, le 5 août pour Morvillars et commence son ministère auprès des blessés à Carspach et à Altkirch.

Dans cette Alsace qu'il traverse au milieu des troupes françaises, il est une enseigne vivante. Monté sur Mirza, un beau cheval de dragons qui lui devient bientôt cher en dépit de ses fougueux écarts, il chevauche fièrement, comme si de sa vie il n'eut fait autre chose, le cœur vibrant d'espoir.

Cependant, il voit clair dès les premiers jours. Au milieu de l'enthousiasme que déchaîne l'entrée de nos troupes à Mulhouse, il reste grave, presque pessimiste — et cela lui ressemble si peu ! C'était un « optimiste impénitent, comme il disait lui-même, mais un optimiste qui fondait ses espoirs non sur des illusions, mais sur des vertus, sur des héroïsmes et sur Dieu. » Le cœur est plein d'enthousiasme contenu « mais je vois, dit-il, contre nous un ennemi très fort, très bien organisé, qui, depuis quarante ans se prépare à faire la guerre, et je tremble qu'il nous inflige de graves échecs.

« D'autre part, nous avons été si coupables depuis vingt ou trente ans... que nous méritons de durs châtiments. Ce sont les grandes lois morales de l'Histoire qui me font peur. »

Double clairvoyance, naturelle et surnaturelle, qu'allait justifier si vite le recul de nos armées.

Bientôt, la 8e Division de Cavalerie, abandonnant l'Alsace, dut suivre le repli général et accourir en toute hâte pour soutenir la dixième armée dans la bataille d'Arras.

Dure époque pour la cavalerie qui n'est pas instruite en vue de la nouvelle forme de guerre qu'on lui impose. Comme l'infanterie, et en liaison avec celle-ci, elle a pris les tranchées. Il ne se passe pas deux jours de suite sans que le commandement lui demande de « se sacrifier ». C'est l'héroïque résistance de la 8e Division de Cavalerie, commandée par Baratier, qui arrête vers Hébuterne l'avance de la garde prussienne et donne aux renforts le temps d'arriver[1].

L'aumônier titulaire s'emploie de tout son cœur et de tout son courage à soutenir ses cavaliers dans si rude effort. L'ambulance ne peut suffire à son dévouement, « on n'y travaille pas assez ». Le 18 octobre 1914, il se décide à la quitter et à venir sur la ligne de feu avec ses régiments.

Il s'installe à Bienvillers, à proximité des tranchées et des postes de secours. Là, il ne cesse de faire du ministère, confessant, relevant, consolant. Toujours en route, il fatiguait un

1. Voir Commandant Marcel JAUNEAUD : *Souvenirs de la bataille d'Arras. Revue des Deux-Mondes*, 15 août 1920.

cheval dans ses randonnées incessantes. A Mirza l'élégante, la fantasque, on dut adjoindre Grison, le bon cheval de Saumur qui valsait sur la place et montait les escaliers des maisons pour suivre son maître.

A Berles-au-Bois, à Hannescamps, dans tous les villages de la ligne de feu, les soldats voient passer « le vieil aumônier à cheval » qui va partout où l'on a besoin de lui et rentre de tournée en rase campagne, à la nuit tombante, rêvant de réhabiliter le prêtre et la religion par son exemple, et songeant avec émotion à « ses fils » :
: Ah ! s'ils savaient comme mon âme tressaille, les aime, est maternelle à leur endroit ! »

La rude attaque de Monchy qui ne réussit pas à chasser l'Allemand, mais brise définitivement l'effort offensif de la garde[1], éprouve douloureusement cette âme « maternelle », et d'autant plus que le ministère du prêtre est difficile au poste de secours. Que peut-il faire ? Il assiste aux pansements, puis tandis qu'on emporte les blessés sur une voiture qui va les conduire à l'arrière, il s'agenouille dans la rue « auprès de chaque enfant » et murmure à son oreille les paroles de l'absolution.

La Toussaint lui permet d'exercer plus librement un « noble et fructueux ministère ». Il parle en plein air et sa chaude éloquence fait pleurer l'auditoire.

---

1. *Le général de Castelnau* par V. GIRAUD.

Il a confessé la veille de nombreux soldats, et confesse encore le soir des cuirassiers qui reviennent des tranchées et vont y retourner. Il trouve si bien le chemin des cœurs que ces hommes pleurent comme des enfants en recevant l'absolution et supplient leur aumônier de les accompagner dans les tranchées. « C'est bien là, songe-t-il, et non dans les hôpitaux qu'est notre place : c'est là auprès des vivants, là sous le feu de la mitraille que notre exemple serait réconfortant et convertissant[1] ! »

Il rentre à Berles-au-Bois, emportant cette pensée dans son cœur, et arrive tandis que les obus pleuvent sur le village.

« La fusillade me donne la sensation de la vie. Nous faisons dans nos retraites des préparations à la mort à grand renfort d'imagination. La voici, la vraie préparation à la mort qui est à deux pas de nous et peut venir à toute heure. »

L'idée semée la veille par les deux cuirassiers a vite fait de germer dans cet atmosphère propice à l'héroïsme, où l'esprit mesure tout à la grande jauge qui est la vision du tombeau ouvert et prochain.

Le 3 novembre, l'abbé Lagardère décide d'aller de nuit pour la première fois, dans les tranchées.

---

1. Cette citation et toutes celles qui suivent sont empruntées au *Journal de guerre* de l'abbé Lagardère auquel nous aurons recours dans cette IIIe partie.

Sitôt de retour de cette expédition nocturne, il se promet bien de continuer et de faire à l'occasion davantage avec l'aide de Dieu « pour montrer aux soldats que le prêtre est partout avec eux, et leur donner confiance, et aussi pour dompter la carcasse humaine et lui faire expier ses fautes de sensualité. »

Il est à l'aise dans cet exercice, et son existence d'apôtre-soldat lui paraît le plus beau métier du monde. Quotidiennement désormais, l'aumônier partage aux tranchées le péril des soldats, il fait à l'occasion le coup de feu pour leur plaire, — en tirant au-dessus du but pour ne pas tuer, — il les égaie d'un joyeux mot, les réconforte d'une bonne parole et rentre par la grand'route « en saluant d'un sourire un peu ému les balles qui passent en sifflotant dans la nuit ». C'est une « mauvaise heure », et pourtant, combattant dans l'âme, le « capitaine-aumônier déguste ces moments dangereux, et remercie Dieu qui permet de les vivre en écartant la balle meurtrière ».

Rentré à Berles, il n'est guère moins exposé. Il subit là quelques-uns des plus sérieux bombardements de la guerre.

A ceux qui lui disent de quitter le village où il court trop de risques, il répond : « mes soldats sont là, je dois être avec eux ».

Il faut abandonner cependant le presbytère pour une habitation moins exposée. Ici même, un obus tue le cheval à l'écurie, un autre perce le plafond de la chambre de l'aumônier et d'un éclat coupe en deux sa brosse à habits... tandis qu'il est au poste de secours.

« Que faire contre tant de maux ? Prier, souffrir, se préparer à la mort et rester à son poste. » Il y reste, prêt à répondre à tout besoin des âmes, à toute heure. Il allait aux tranchées le soir. Voici qu'il est appelé auprès d'un blessé en plein jour. Or, se rendre à la première tranchée, à pareille heure, devant Monchy, c'est exposer cent fois sa vie. Ira-t-il ? Le problème posé à sa conscience est résolu d'avance : « un soldat peut mourir sans les sacrements parce que, ayant eu peur, j'aurai retardé ma visite de deux heures !... Je demande un agent de liaison pour me conduire. Aucun boyau n'existe, il n'y a pour aller que la route. Je recommande mon âme à Dieu et je pars par un soleil magnifique. J'arrive au boyau qui conduit à la première tranchée et où il faut passer en se baissant à cause des balles. Il y a trente centimètres d'eau, allons-y carrément. La boue me fait des bottes et se fige sur moi. Je suis tout suant... la fusillade crépite... Je rencontre des tombes que je bénis... Enfin je suis près de mon blessé... Je le confesse, je lui donne les derniers sacrements, je prie avec lui, et rejoignant le capitaine, je fais la visite des tranchées de première ligne.

...Ah ! on a chassé les moines, parce que leur vie était soi-disant trop austère et contre nature.

Qu'ils aillent donc voir dans les tranchées, les mécréants et malfaiteurs publics qui les ont exilés ! les expiations forcées ont remplacé les expiations volontaires et Dieu sait si on a perdu au change ! — Les cloîtres sont les paratonnerres de la société. Une société qui les ferme aboutit fatalement à la guerre, la guerre étant la résultante des passions qui n'ont plus de contrepoids.

En quittant le blessé, j'ai dit aux officiers : « La même chose se reproduirait-elle dix fois le jour, téléphonez et une heure après je serai là... Ce sont là les devoirs et les joies de mon sacerdoce ! »

Cet acte souvent renouvelé vaut à l'abbé Lagardère une première citation à l'ordre de l'armée[1], que l'État-Major souligne de quelques mots d'admiration pour l'abnégation et l'esprit de sacrifice du valeureux aumônier.

L'abbé Lagardère, il est vrai, s'adaptait admirablement à la vie des batailles. « Il avait un magnifique tempérament de soldat », dira de lui un commandant qui le vit à l'œuvre. Lui-même le constatait sans étonnement : « Est-ce qu'il n'y a pas bientôt quarante ans que je suis soldat et que je fais la guerre, disait-il ?

---

1. « L'aumônier militaire Lagardère, de la 8e Division de Cavalerie, souvent réclamé par des blessés, s'est toujours porté immédiatement près d'eux, la nuit comme le jour aux tranchées de première ligne sous un feu parfois violent, prodiguant à tous ses secours, avec un dévouement absolu. »

Je suis un soldat, arrière petit-fils de soldat et je mourrai soldat... »

Il lui en coûtait moins de marcher sous les balles que de rester aux postes de secours soigner et consoler les blessés. Mais il était homme de devoir avant tout et connaissait sa place, selon l'occurrence.

Le triste ministère que l'aumônier divisionnaire était appelé à remplir aux conseils de guerre n'était pas des moins lourds parmi les emplois de sa charge.

Quelle douleur quand on vint un jour le chercher pour assister un condamné à mort ! Quelle émotion il mit dans le baiser suprême ! Quelle piété, quelles larmes dans la dernière prière !

Moins tragique, mais bien émouvant encore est cet autre récit.

Un jeune cycliste, coupable de s'être mutilé la main droite, est en conseil de guerre.

« En attendant que le jugement soit rendu, j'aborde ce grand enfant de vingt ans. Je le prends par la main, et avec une tendresse maternelle je le gronde doucement et lui demande de m'ouvrir son âme, car l'heure présente peut être la dernière. Il se laisse faire comme un petit enfant, il me marque de bons sentiments... Il n'est pas plus méchant qu'un autre de nature, mais il ne sait pas obéir, il est indiscipliné, il a de mauvaises notes et n'est pas sympathique. Je gratte ce naturel, j'enlève les scories qui recouvrent cette existence, et je remonte sans effort à sa première communion. Là, je trouve l'enfant pieux qui sait croire, qui sait prier et qui sait aimer... Il se confesse, il se repent, il s'émeut... Nous récitons ensemble le chapelet. Les minutes s'avancent. Je me lève et vais demander la teneur du jugement : il est condamné à cinq ans de prison. »

A l'État-Major mécontent de la sentence, on prononce une parole dure qui retentit douloureusement dans le cœur de l'aumônier. Il met le doigt sur la plaie : « Vous voulez faire de vos soldats des héros et vous ne vous préoccupez pas des moyens qui en feraient des hommes. Ce pauvre petit avait tout ce qu'il faut pour être un homme : il y a dans son âme des choses qui rendraient un son harmonieux, mais il faudrait une main maternelle ou sacerdotale pour les toucher. Or, la mère est loin ou elle a manqué son œuvre. Le prêtre est bien là, mais qui donc favorise positivement son action ici ?...

Insensés ! vous avez votre part de responsabilité dans la culpabilité de cet enfant. Il fallait lui donner l'exemple, il fallait le conduire au prêtre et à Jésus-Christ. »

C'est l'âme très émue et profondément attristée que l'abbé Lagardère rentre de cette pénible séance.

Le dimanche suivant, à Saulty, dans l'église bondée d'officiers et de soldats qui s'entassent

jusque dans le chœur et jusque dans la rue,
encore sous le coup de son émotion, il tire des
larmes à l'auditoire en parlant de la nécessité
de perfectionner l'homme dans le soldat, par la
vie surnaturelle : « Vous voulez faire des héros
de vos soldats, dit-il, et vous avez raison, mais
avant d'en faire des héros, permettez-nous
d'en faire des hommes et des chrétiens. »

L'abbé Lagardère ne s'en laissait imposer
par personne. Il osait dire les plus dures vérités.
Les conversations aussi bien que les prônes lui
fournissaient l'occasion de maint redressement,
de maintes passes d'armes.

« J'écoute..., je laisse passer quelques balour-
dises, j'attends qu'on s'enferre, et le moment
venu, je parle. Ma langue est une épée toujours
prête à pourfendre. »

« Son plaisir, écrivait de lui un commandant,
était de venir partager l'ordinaire des popotes,
aux postes de commandement occupés par des
officiers de sa division... Il finissait toujours,
sans le vouloir, par être le centre des conversations et toujours il les faisait évoluer vers la
religion. Cela fait, il se laissait entraîner par sa
foi, par sa charité, et il entrait dans des dévelop-
pements très clairs, très précis, fougueux quand
même et qui emportaient comme des fétus de
paille objections et contradictions. Je dois dire
que celles-ci étaient plus souvent malicieuses
que sincères, si tant est, qu'il y ait quelque malice
à vouloir faire éclater comme un beau feu d'ar-

tifice, des convictions aussi fortes, aussi ardentes et aussi bienfaisantes. Je me rappelle en particulier, deux conférences improvisées, l'une sur la puissance de la prière et l'utilité des ordres contemplatifs, l'autre sur la nécessité et la bienfaisance de la chasteté qui nous ont tous beaucoup frappés et nous ont remplis d'admiration pour notre interlocuteur[1]. »

Il arrivait aussi que l'incrédulité atteignît au cœur le prêtre dévoré du zèle de la maison de Dieu. Alors, il parlait fort et s'élevait contre les hommes dont toute la conversation « se borne à parler d'amour et de femmes », et qui sont incapables de se hausser jusqu'à une philosophie.

« Le Christ leur parlerait en paraboles, s'il était là, avec infiniment de douceur, et moi, j'ai la naïveté de vouloir faire entrer dans leur cerveau une idée morale et générale. »

« C'est comme si je voulais parler raison à ces parvenus dont la maison est sise à côté... Le médecin-chef leur a demandé l'écurie pour y mettre deux chevaux, dont le mien, et la maîtresse de maison de répondre : « Oui, deux chevaux quels qu'ils soient, mais pas celui de l'aumônier ! »

Ah ! les voilà bien ces mangeurs de curés : ils poussent la générosité de cœur jusqu'à englober dans leur haine du prêtre, en temps de

1. Commandant de Longeau.

guerre, le cheval d'un aumônier : il est excommunié par eux, parce que clérical... »

Le journal de l'aumônier enregistre çà et là quelques-unes de ses sorties les plus « véhémentes. » Il ne fait pas le renchéri et prend à l'occasion le ton des militaires, enfonçant la flèche au bon endroit. Citerons-nous pour exemple la réponse qu'il fit un jour, dans l'infanterie, à quelque partisan de Zola, vantant l'art du réalisme : « nous avons tous une figure et un derrière. Celui qui nous photographierait par là pourrait bien être un artiste, mais il faudrait y joindre l'épithète de saligaud ».

On rit : la cause était gagnée.

Il laisse tout dire ou à peu près devant lui, mais il y a des gestes qu'il ne veut pas tolérer. Il relève vertement tel incident de route qui va directement contre le respect dû à son caractère sacré. « Ces gens-là, déclare-t-il, vivent tant et si bien dans la chair, qu'ils finissent par perdre le sens moral et dire des énormités sans s'en douter. Mais j'ai la dent mauvaise, et je me promets bien de mordre au besoin... étant donné que ces blasés sont inconvertissables... Le prêtre qui veut être prêtre a besoin d'être un caractère dont les angles soient parfois aigus ; s'il ne frappe pas un peu fort de temps à autre, on lui passera vite sur le corps et on ne le respectera plus. » Il affirme à toute occasion les principes de l'Évangile, « quitte à être, dans la pratique, d'une extrême indulgence. Mais avant tout, professe-t-il, sauvons les principes pour qu'ils nous sauvent plus tard, quand nous aurons la force de les suivre. »

Au fond, tous les hommes qui vivent avec lui, estiment ce prêtre qui ne laisse jamais passer une erreur sans la dénoncer et fait « sonner les vérités comme des éperons », ils l'estiment et ils l'aiment.

Les lettres que lui adressent les officiers témoignent de la cordialité de leurs rapports. Il en est qui rappellent avec une malice bienveillante à l'aumônier ses « saintes colères » et ses « élans de piété et de foi... »

« Vous frappiez vivement l'esprit des jeunes, lui dit-on, et je crois que personne n'oubliera certaines... prédications-conversations de Prosnes. »

Le soir du jour où sa première citation parvint au G. B. D., on fêta gaiement l'aumônier. Un poète[1] d'esprit et de cœur qui nous permettra de le citer, exprima on peut le croire, les sentiments de chacun, dans un sonnet impromptu et délicat.

Quand vous venez le soir, notre cave s'éclaire.

. . . .

Vous unissez nos cœurs dans un étrange accord.
Facile en cet instant nous semblerait la mort,

1. La discrétion observée par le *Journal de Guerre*, qui cite rarement un nom, ne nous permet pas, et nous le regrettons, de faire connaître le poète du G. B. D. non plus que les officiers ou soldats qui sont en cause dans les faits relatés au cours de la guerre.

Parce qu'elle serait de votre main bénie.
S'il est un doux foyer tout près de l'ennemi
Qui nous unit ici en servant la Patrie,
Vous en êtes le père et le prêtre et l'ami.

Ce père, ce prêtre, cet ami rendait bien ce qu'il recevait et au delà.

« Ah ! s'écriait-il un jour, après une soirée courtoise, la belle race que cette race d'officiers de cavalerie ! Leur âme est comme leur épée, toute de franchise et de vaillance. Je les aime, je les admire, je me sens de leur famille, je vis mes plus belles heures en communiant à leur jeunesse, en les faisant communier à toutes mes idées. »

Ces heures-là exaltaient ses forces. « Comme Dieu rend le labeur facile, pouvait-il dire, et qu'il fait bon se dépenser à son service ! J'en suis arrivé à un tel équilibre des facultés que j'ignore toute fatigue : ce qui devrait m'écraser à mon âge, me fait vivre et me rajeunit. »

Au début de 1915, la 8e Division de Cavalerie, rattachée à la quatrième armée, avait passé de la Meuse à la Marne. Le 15 janvier, l'abbé Lagardère s'installait avec ses soldats à Prosnes, l'une des plus fières étapes de sa vie d'héroïsme.

Les premiers jours, il n'a même pas, dans son nouveau poste, les moyens de dire la messe : il prend la pierre sacrée au maître-autel de l'église effondrée, et célèbre dans l'école communale, la chaire du maître servant d'autel.

Mais d'ici peu, dans l'une des pièces de la

ferme abandonnée qu'il habite, il fera une « chapelle délicieuse » ornée avec les statues sauvées des décombres de l'église, garnie d'épées et de drapeaux. Puis un matin, il « s'octroie le droit d'avoir le Saint-Sacrement » chez lui pour son intime joie et plus encore pour la commodité des âmes, des chères âmes. Désormais, il a son viatique, il peut mener la vie dangereuse.

Le 20 janvier, la visite des tranchées de première ligne dure trois heures sous un double tir d'obus. « L'homme qui me suivait, note l'aumônier, marchait courbé en deux et voulait courir... : courbez-vous, courbez-vous, me criait-il à chaque instant, et il semblait effaré. Mon cœur n'a pas battu plus fort une seconde, je n'ai pas accéléré mon pas et ne me suis point dissimulé : je suis entre les mains de la Providence, je m'en rapporte à elle, et, fort de sa bonté, je ne crains pas la mort. »

Il va aux tranchées en passant par la voie romaine qui était bien le meilleur chemin pour aller d'un Poste de commandement à un autre, mais qui était en vue, à bonne portée des fusils boches. Il se fâchait quand il y rencontrait quelqu'un, mais lui circulait sans cesse par cette voie interdite en plein jour.

Était-ce bravade ? Non, il en agissait ainsi par esprit de foi : « pour que les hommes voient que le prêtre n'a peur de rien ». « Ces quatre ou cinq cents mètres, la canne à la main et le pas calme, avouait-il, sont tragiques dans l'intérieur de mon âme. Les soldats ne savent pas ce qu'ils coûtent malgré tout, à l'homme qui tient à la vie et qui l'expose quotidiennement, sans nécessité apparente, par esprit de foi. »

Au déjeuner, comme on parle des audaces ou des imprudences de l'aumônier qui s'affranchit tous les jours des boyaux, il démontre avec preuves à l'appui que son devoir est de faire ce qu'il fait, parce qu'il doit faire plus que son devoir. « J'ai décidé d'être admirable en tout, pour tout, pour travailler à refaire la race brave, héroïque... »

Le vaillant aumônier n'a pas souci que des vivants. Les morts dont les corps abandonnés furent les temples du Saint-Esprit, les morts que les vieux parents et les tristes épouses pleurent et voudraient savoir pieusement ensevelis, les morts l'animent de compassion courageuse.

Dans cette plaine de Prosnes ravagée par les obus, il va, pour eux tous, accomplir quelques-uns des plus beaux gestes de sa carrière de prêtre-soldat.

Depuis quelques jours, la vue d'un cadavre sans sépulture, en avant des tranchées, le hantait comme un appel du devoir. Il résolut de l'enterrer à ses risques et périls. Le lendemain soir, il exécute ce projet avec un brancardier et se met en mesure d'enterrer d'autres morts qu'il a repérés.

« A la tombée de la nuit, j'ai pris avec moi un vaillant dragon, et par quatre fois, nous sommes allés à cent et cent cinquante mètres en avant des tranchées allemandes, et prenant chacun des quatre cadavres par un bras, nous les avons traînés dans la fosse préparée, où je les ai pieusement ensevelis.

...Je ne me tiendrai pas tranquille avant d'avoir assaini toute cette plaine et rendu les devoirs aux morts. »

Il procède, l'habitude aidant, avec une prudente méthode.

Il part avec quelques hommes de bonne volonté qu'il précède vers les lignes allemandes. On met les cadavres dans la fosse et les pioches et les pelles se hâtent de les recouvrir de terre : « ce sont dix longues minutes de travail fiévreux » pendant lesquelles l'aumônier récite les prières liturgiques et supplie Dieu de préserver les travailleurs.

Parti le premier, il rentre le dernier, et puis il rejoint Prosnes avec peine dans la nuit, couvert de sueur et de boue.

Durant janvier, février, mars, il continue cette rude besogne ; il y a toujours des hommes prêts à faire la corvée avec lui. Soixante cadavres français ou allemands reçoivent ainsi la sépulture chrétienne.

Un soir, en faisant une des fosses, un dragon du 18e murmure contre ce « c... d'allemand. — Mon ami, répond l'aumônier, c'est un homme et c'est un mort, à ce double titre, il doit nous être sacré ».

Le zèle du prêtre gagne les soldats. « J'ai de la peine, ce soir, à retenir mes hommes, écrit-il, au cinquante et unième ensevelissement : ils voudraient aller plus loin et « travailler toute la nuit ». Je m'y oppose car les cadavres qui restent sont plus près des lignes allemandes que des nôtres : nous avons donc fait plus que notre devoir ».

La petite équipe héroïque continue pourtant. Le 12 mars, elle sort encore des tranchées pour la soixantième inhumation.

« La nuit tarde à venir. Vers six heures, on voit encore à deux kilomètres. Je me décide à monter seul en faisant un grand signe de croix en présence de mes enfants et en les recommandant tout haut à Notre-Seigneur.

Je fais quatre cents mètres en avant. Je suis maintenant à deux cents mètres des allemands. Je m'assure des cadavres qui sont dans les environs, à quarante mètres les uns des autres. Il y en a huit derrière des meules de foin, et dans quel état, grand Dieu ! Je reste un instant agenouillé, après quoi, je fais cinquante mètres en arrière pour donner un coup de sifflet, ce qui est le signal convenu. Aussitôt, mes neuf soldats montent à cinquante mètres l'un à la suite de l'autre. Les uns travaillent, les autres surveillent.

Trois cadavres sont enterrés, quand dans la plaine, douze silhouettes d'hommes semblent se diriger vers nous : s'ils allaient nous contourner et nous faire prisonniers ! Tous ensemble, nous courons vers eux, moi en tête et je crie aux hommes qui s'avancent : « Qui vive ? » Nous sommes prêts à faire feu. Mais ce sont des dragons que la curiosité a attirés vers nous et qui viennent se rincer l'œil en nous causant toutes ces émotions. Inutile de dire l'algarade qu'ils ont reçue !

Nous revenons émus à notre besogne. Et j'entends l'un des petits, en travaillant, s'écrier : « Tout de même, faut pas avoir la frousse pour faire cette besogne, ici, à cette heure!... » Enfin, tout est terminé. Nous n'avons pas eu un coup de fusil. Je serre la main à ces enfants avec effusion et je rentre par la plaine en remerciant Dieu de tant de bonté... »

« Ça, c'est la corvée de l'apôtre, c'est la marche forcée du bon pasteur, c'est la dette pénible à payer au devoir, pour donner l'exemple, faire œuvre sacrée quoique répugnante, et sauver les âmes...

Après cela, on peut offrir des Sacrés-Cœurs et des médailles à vingt-cinq ou trente types : on en a acquis le droit. Et malgré tout cela, on ne fait pas tous les miracles relatés par les petits abbés en mal de conversion. »

Soit. Le filet jeté par le pêcheur d'âmes ne ramène pas à lui, — à Dieu — tous les égarés que son désir surnaturel convoite. Beaucoup cependant parmi ceux qui le regardent et qui l'entendent, répondent et le suivent. Les Pâques de cette année là, aux tranchées de Prosnes, seront fructueuses !

Et puis, le prêtre du Christ n'est-il pas payé déjà de ses peines par sa vie même ? Il porte en lui sa joie.

« Je viens de dire dans ma chambre, écrit-il au lendemain d'une pareille « corvée », une messe très douce, ponctuée à chaque phrase par obus et bombes. J'en sors avec plus de foi dans la vie que je trouve magnifique, sublime, bonne, chantante, que j'aime étrangement... »

Passe-t-il une demi-journée à l'arrière, il revient aux tranchées en toute hâte : Non qu'il soit insensible à la douceur des campagnes paisibles, quand il se retrouve « en face de la vie qui renaît ». Mais il n'en reprend pas moins vite le chemin de Prosnes où son devoir l'appelle, tenant à « ne pas quitter son poste une heure sans nécessité ».

« Je suis heureux ici : l'amitié des hommes, le cliquetis des armes, le bruit du canon, le sifflement des balles, la vue des tranchées, leur boue infecte m'enchantent, m'exaltent, me font tressaillir. Je ne suis chez moi que là, je ne respire que là, je ne fais du bien que là, je ne me sens un homme que là. »

Pour réaliser ce bien, le plus de bien possible, l'abbé Lagardère se multiplie, surtout au jour dominical. C'est le temps des fameuses messes au moulin de Prosnes. Chaque dimanche, il dresse un autel rustique sur la hauteur, contre le mur de la tour du moulin détruit et le prêtre officie là, sur cette crête qui permet aux soldats de l'apercevoir à cinquantes mètres. Les Allemands qui sont en face le peuvent voir aussi, et plus d'une fois, ils sonnent à leur façon la messe. « Les obus tombaient à droite et à gauche, dit un témoin, et il ne s'en inquiétait pas plus que s'il eut été impossible aux éclatements de se croiser sur lui.

« Les assistants étaient dans une tranchée au pied, à cinquante mètres du moulin. Il avait fait promettre qu'on n'en sortirait pas. »

Pareil spectacle impressionnait vivement les âmes et quand l'aumônier, après la messe, « debout à quelques centaines de mètres des fusils allemands » prêchait « l'honneur du drapeau et la grande dignité d'âme que doit avoir un soldat au champ d'honneur[1] » le spectacle atteignait au sublime et tous « laissaient libre cours à leurs larmes ».

Un maréchal des logis de Dijon racontait avoir assisté à l'une de ces messes, à l'aube d'une sanglante journée. Un obus éclate soudain à quelque distance, couvrant l'autel de projectiles. Immobile, sans tressaillir, le prêtre-chevalier releva le missel renversé et continua l'oraison. R. nous dit avoir, ce jour-là, puisé

---

1. Lettre d'un dragon, du 27 mars 1905, publiée par *La Croix*. Cf. aussi *De la terre au ciel*, par J. Coubé, page 161-162.

son courage dans le sien, comme on puise l'eau
à la source vive !

La messe des Rameaux au moulin fut particulièrement marquée par un bombardement
nourri. Celle-ci a les honneurs du journal :
« A peine ai-je pris place, lit-on dans ses pages,
que l'on tire sur nous. Croyant à un tir de hasard et passager, je commence la messe et la
continue jusqu'à la moitié de la Passion ; mais
le canon tonne fort et les obus tombent tout
autour de nous : chaque coup couvre l'autel
d'éclats et de poussière ; je tremble pour mes
deux enfants qui me servent la messe et pour
les cagnas qui sont à vingt ou trente mètres de
moi. Je ne fais ni un ni deux, je ferme le livre à
mi-Passion, je replie ma tente et me réfugie à
vingt-cinq mètres de là, avec mes deux assistants, sous le hangard du moulin où nous cessons
d'être en vue. Encore deux ou trois obus et
c'est fini.

Alors, un territorial prend deux caisses et me
fait un autel. Je m'y installe aussitôt et je
reprends la Passion et la messe à l'endroit où
je les ai laissées...

C'est fini, je ne me déshabille pas. Je relève
mon aube et ma soutane, j'attache le tout
avec une ceinture de cuir, je mets un imperméable par-dessus et je vais aux tranchées du
secteur-Est, dire une autre messe. »

Le capitaine-aumônier devient un personnage
épique. Le jour où le commandant F. quitte le

secteur, il prend congé de lui par ces mots :
« S'il m'arrive quelque chose, je veux que
vous soyez là et je veux qu'on vous appelle, où
que vous vous terriez. » Baratier qui s'y connaît
en hommes, l'honore de ses confidences et de
son amitié, et saisit toutes les occasions de faire
publiquement l'éloge de sa bravoure[1].

Le colonel *** envoyait à l'archevêque de
Besançon la photographie de l'aumônier militaire « honneur du clergé » par « sa bravoure
exceptionnelle » et par tout le bien qu'il fait ».

Mais il se trouve des mécontents que le zèle
de l'apôtre empêche de dormir.

Comme il distribue aux tranchées ses « billets
du soldat », feuilles pieuses qui ont pour but
d'assurer aux hommes l'assistance dernière du
prêtre, il apprend qu'un article insulteur du
Progrès de Lyon, juge son geste une atteinte à
la neutralité.

L'attaque le blesse douloureusement, elle ne
l'intimide pas. On lui envoie un drapeau du
Sacré-Cœur, et le dimanche suivant, le drapeau
« claque au vent sur l'autel, devant un magni-

---

1. En mai, avant le départ pour le Pas-de-Calais, le général
Baratier lui offre en son nom et au nom de son État-Major
une croix d'aumônier. Il accompagne le geste de ces paroles :
« Nous savons de quelle façon vous comprenez votre rôle
et que vous le remplissez non seulement avec tout le dévouement du prêtre, mais encore avec toute votre âme de Français. Le jour où la France victorieuse aura repris son rang,
vous pourrez dire que vous n'y avez pas été étranger, que
vous avez travaillé à cette renaissance. »

fique auditoire qui s'échelonne dans les tranchées. »

Un beau jour, il décide d'aller au moulin « faire un coup de maître » : Il veut bénir la plaine de Prosnes, le champ de bataille et les soldats, en grande pompe, après la messe, avec le grand ostensoir. « Le drapeau du Sacré-Cœur est là aussi magnifique du côté de l'Évangile et contre la tour. C'est de la folie de placer ainsi des cibles en un tel lieu ; mais le Sacré-Cœur est le grand Maître... La messe est dite sans un coup de canon. A genoux : le Saint Sacrement est exposé sur la colline, en plein soleil. Je chante le *Tantum Ergo*, je prends l'ostensoir entre mes mains et je l'élève très haut pour qu'il bénisse et garde tous nos enfants. »

Voici venir l'époque du grand devoir pascal. Le prêtre sent décupler son zèle et son amour des âmes. Le 30 mars, il est à Tours-sur-Marne pour préparer les Pâques des Dragons : quatre cents soldats se présentent à la sainte communion, le lendemain.

Le soir, le bon pasteur se rend aux tranchées de première ligne. Il confesse jusqu'à sept heures et demie en plein air, dans quelques endroits écartés, voire sur la ligne de tir.

Le lendemain qui est le Jeudi-Saint, il dit la messe à la tour, à cinq heures, pour éviter le bombardement. A la communion, il descend dans les tranchées et les hommes défilent dans les boyaux pour recevoir l'Eucharistie. Il parle ;

puis il part pour les tranchées de tir, sur la plaine, à la faveur du brouillard, un ciboire sur le cœur. « Huit fois, je pose le Saint-Sacrement sur la terre, devant les créneaux occupés par vingt soldats... Je fais huit fois la préparation à la communion, je communie mes hommes et je fais huit actions de grâces. »

A huit heures et demie confessions, nouvelle messe, nouvelles communions des hommes agenouillés dans la boue, nouveau discours sur l'Eucharistie. Il est près de onze heures, l'aumônier rentre chez lui, recru de la fatigue du bon Samaritain : il a « remué les âmes par brassées. »

Et tous les jours qui suivent, le prêtre fournit la même sainte besogne, confessant debout jusqu'à quatre heures de suite. « Les âmes tombent comme des fruits mûrs » et la divine récolte remplit l'apôtre d'une indicible joie. Et puis, adieu Prosnes, adieu moulin, adieu chapelle. L'ordre de départ arrive : il faut quitter tout cela, au grand émoi du cœur si vite attaché où il passe.

En juillet 1915, la 8e Division de Cavalerie occupe à nouveau les tranchées en Champagne. L'abbé Lagardère a son gourbi à deux mètres sous terre. « Le bruit des obus est infernal... mais qu'il fait bon vivre dans ce décor tragique, devant le coucher de soleil à travers bois, tandis que l'oiseau de nuit déjà chante, que l'aéroplane et fait sa musique de guerre, et que la terre tremble aux coups précipités des mitrailleuses. Je ne sais pas si jamais j'ai vécu une heure avec une telle intensité et une telle sérénité », écrit-il.

Cela, c'est pour lui qui ne craint pas la mort. Il change de langage quand il pense aux autres : « Chacun de ces coups stridents qui frappe à deux pas de moi fait un mal horrible à mon cœur, tant je me sens le père de ces enfants ». Et c'est un allègement quand la division est relevée sans trop de pertes. C'est une raison de plus aussi pour assurer les hommes contre les précaires illusions du temps et les préparer à l'éternité entre deux menaces de la mort.

Ces jours de repos que l'aumônier passe avec ses régiments à Fère-Champenoise, à Perthes, sont marqués par de multiples conférences, par des confessions et des communions en si grand nombre qu'il s'en étonne lui-même : « On communie beaucoup ici, un courant est établi... Et quel respect ces chers enfants ont pour leur aumônier ! Voilà bien le fruit des tranchées...

Ah ! qu'ils sont beaux mes fils et quelles joies d'âme ils me donnent !... Si nous étions des saints, si nous avions le zèle de l'apôtre, quelle France de communiants nous ferions ! Il faut oser, il faut se dévouer, il faut parler, il faut donner Jésus-Christ aux âmes ! »

Courte trêve, et la division marche au feu.

Le 6 octobre 1915, le 18e Dragons se prépare à l'attaque. A cinq heures, chacun a le pied à l'étrier. L'aumônier va dire une messe dans le bois, sous les sapins, pour le régiment. Avant de monter à l'autel, il prévient les hommes qu'ils sont dans les conditions voulues pour recevoir l'absolution générale, moyennant un acte de contrition et promesse de confession dès que possible. « Je donnerai, ajoute-t-il, cette absolution, à la fin de la messe, à ceux qui voudront la recevoir. »

Il célèbre avec émotion le divin sacrifice, après quoi il parle.

C'est le fameux discours sur l'expiation nationale qui retentit alors dans tout le pays : « La France, chancelante, sous le poids de ses erreurs et de ses fautes nationales avait besoin, pour se rendre digne de vaincre, d'une purification sanglante, d'une inoculation nouvelle... »

Ayant dit que nous avons commis des fautes, le prédicateur constate que nous les payons d'une part, mais que d'autre part, nous les rachetons magnifiquement. Chrétien langage, auquel souscrivent, dans leur cœur, tous les hommes qui l'entendent.

L'allocution terminée, les larmes coulent, le saisissement est tel que les huit cents cavaliers présents tombent à genoux et « cet agenouillement subit fait l'effet du prosternement des jeunes lévites au jour de l'ordination ». L'aumônier récite la formule de l'absolution tout haut et recommande aux soldats d'offrir pour pénitence au cœur de Jésus les fatigues de la journée.

Un peu plus tard, il apprend que nous sommes dans l'impossibilité de faire la trouée. « Il est écrit que Dieu n'est pas encore prêt à bénir nos larmes, dit-il tristement. Mais au fait, le lui avons-nous demandé officiellement ? Si Dieu existe, aurait dit un général sur les hauteurs de Perthes, il faut avouer qu'il est bien boche en cette circonstance. — Non, non Dieu n'est pas boche, mais... est-il tenu d'être français sans que même on le lui demande ? L'avez-vous prié socialement avant et pendant la bataille ? Non, n'est-ce pas, mon général ? Alors, ne vous étonnez pas qu'il laisse les éléments livrés à leur cours naturel. Si le temps ne nous a pas favorisés, si notre artillerie gênée n'a pas pu régler son tir, ne nous en prenons qu'à nous mêmes, et convertissons-nous. »

La 8e Division de Cavalerie avait quitté le champ de bataille de Champagne et cantonnait en Lorraine quand l'abbé Lagardère, prenant le *Petit Parisien* des mains de son ordonnance, y lut sous le titre : « Langage regrettable » une appréciation sans bienveillance de son discours du 6 octobre. « Ce langage, inspiré par un sectarisme étroit, disait-on, est tout-à-fait inadmissible à une époque où tous les membres de la grande famille française ne devraient penser qu'à chasser l'ennemi du territoire et à rester unis pour la défense de la Patrie... »

Le discours visé avait paru dans l'*Eclair-Comtois* et dans la *Semaine Religieuse* du diocèse de Besançon, après avoir été soumis à la censure et sans qu'elle eût fait d'opposition, « c'est un sermon, avaient dit les censeurs, une thèse théologique : cela ne nous regarde pas ».

La presse anticléricale en jugeait autrement. Ce fut *Le Temps* qui attacha le grelot, et immédiatement, les journaux politiciens ou sectaires embouchèrent la trompette. Comment ! un aumônier militaire osait parler de crimes nationaux et d'expiation !... C'est inconcevable ! Aussi le Ministre de la guerre fut-il adjuré de renvoyer le chanoine Lagardère à ses œuvres, et la République trop indulgente sommée de le casser aux gages.

Le premier mouvement de l'abbé Lagardère fut pour se défendre et griffonner hâtivement quelques lignes, priant le *Petit Parisien* de faire savoir à son correspondant « que je pense à chasser l'ennemi du territoire » au moins autant que lui, car malgré mes cinquante ans, je suis sur le front depuis le premier jour et j'ai dix mois de tranchées. Quant à « l'union pour la défense de la Patrie », je ne vois pas en quoi je la trouble en disant que nous avons commis des fautes et en constatant que nous les payons d'une part, mais que d'une autre, nous les rachetons magnifiquement. »

A la réflexion, il n'envoya pas cette lettre. « Il faut avoir le courage de ses idées, se dit-il, il faut savoir souffrir pour elles : je n'ai affirmé que la vérité catholique... Je me soumets à tout, et je fais à l'avance et de bon cœur tous les sacrifices pour le salut de mon bien-aimé pays et pour le salut de l'âme de mes soldats. »

Au dîner, entre officiers, on commenta l'incident : « Vous êtes soldat avant tout, dit quelqu'un. — C'est vrai, mais puis-je oublier que je suis prêtre, et peut-il y avoir antagonisme entre mes devoirs de prêtre et de soldat ? qu'on relise mon discours et qu'on ose affirmer qu'il n'est pas fait pour donner du courage aux soldats, pour leur faire aimer la France jusqu'au suprême sacrifice. »

Tous ceux qui avaient entendu le sermon en étaient d'accord : on ne pouvait mettre en doute les sentiments qui animaient, ce jour-là comme les autres, le vaillant aumônier. La décision même du Ministre de la guerre proclamera sa valeur militaire et son ardent patriotisme. Non, le soldat n'est pas en cause ; c'est la doctrine qu'on veut frapper, et c'est la haine sectaire qui demande qu'on « chasse » de l'armée l'auteur de la « thèse absurde et odieuse de l'expiation... »

Si l'on parcourt les innombrables coupures de l'Argus de la Presse concernant cette affaire, on assiste à un véritable débordement de haine, non pas tant contre un homme inconnu de beaucoup, mais contre la religion que cet homme représente magistralement au champ d'honneur.

Les journaux catholiques ou seulement impartiaux, l'*Action Française*[1] en tête et *La*

1. S'il n'était plus possible à un prêtre catholique de par-

Croix, relevèrent vigoureusement la sottise et la faute de l'attaque.

Dans toute la France, la thèse catholique de l'expiation fut à l'ordre du jour avec le nom du prêtre, son héraut, qui l'avait « prêchée avec tant de force après l'avoir pratiquée en s'exposant à la mort de tout l'élan de son âme de prêtre, d'apôtre et de français[1]. »

Cependant Galliéni, ministre de la guerre, ordonna une enquête que l'État-Major conduisit avec toute la délicatesse désirable.

Le général Baratier rencontrant l'aumônier est accueillant et réconfortant : « J'ai lu votre magnifique discours ; il est ce qu'il doit être : il n'y a que le mot incriminé de dur... Je vais faire la lettre de voiture et je dirai de considérer vos actes, non vos paroles, et j'espère que nous aurons le bonheur de vous conserver. »

Les soldats tiennent le même langage, ils ne veulent pas qu'on touche à leur Père. Pour

ler de l'expiation de la France, expiation qui n'est exclusive ni certes de la victoire de la France, ni non plus d'une expiation incomparablement supérieure imposée aux peuples ennemis ; si ces idées contemporaines de notre civilisation, antérieures même au christianisme et que la dégénérescence luthérienne ne saurait remplacer ni faire oublier, devaient être proscrites de l'armée française, je dis que le catholicisme en serait exclu aussi, et non seulement le catholicisme, mais une moitié au moins des philosophies qui sont enseignées dans les classes et les plus hautes, en particulier celle-là que Leibnitz appelait *perennis quædam philosophia* (Charles MAURRAS).

1. Th. MAINAGE : *Revue des Jeunes.*

lui, tout son désir est de pouvoir finir la campagne avec eux. Il invoque avec angoisse Notre-Dame de Ligny, sous les auspices de qui il subit l'épreuve. Il prie à Vaucouleurs Notre-Dame des Voûtes qui entendit Jeanne d'Arc. De droite et de gauche lui arrive le réconfort. L'évêque de Poitiers lui écrit parmi beaucoup d'autres, une lettre qu'il reçoit comme « la réponse de l'Eglise aux jugements du monde ».

Sous l'orage, il se recueille : « La souffrance est la plus grande des grâces. Toutes mes épreuves ont orienté ma vie autrement et mieux... Je me sens prêtre à fond, jusqu'aux dernières fibres du cœur... Je veux devenir un saint, je veux n'être que cela. »

Une paroisse de Paris manifeste le désir de faire en son honneur une démonstration publique de sympathie. L'abbé Lagardère répond simplement : « Je suis aumônier d'une division de six ou sept mille hommes. Le bien de ces âmes doit passer avant tout. Or, à l'heure actuelle, toute démonstration extérieure prendrait pour moi un caractère humain de vengeance et serait tenu pour anti-militaire et ne pourrait que compromettre le bien des âmes, gêner les chefs qui m'ont admirablement secondé et augmenter nos discordes intestines. Ma conscience se refuse à le faire. Au surplus, je reste tout heureux d'avoir souffert pour la vérité et pour les âmes. »

Il profite de toute occasion de service pour

« affirmer les grands principes » et préciser ses idées sur le sacrifice, sur l'expiation, sur le « sens merveilleux et enviable » de la mort au champ de bataille, qui coopère à la rédemption de la Patrie.

« Je suis ici, déclare-t-il, pour faire des chrétiens. En faisant des chrétiens sachant bien vivre et bien mourir, je suis sûr de faire des soldats qui sauront tenir coûte que coûte. » Le 17 novembre, l'aumônier trouve à la table de la formation, le libellé du Ministère qui lui signifie quinze jours d'arrêts simples pour avoir « prononcé devant les troupes... des paroles déplacées et de nature à heurter le sentiment public. »

« Un soldat, écrit-il alors, ne commente pas la punition qui lui est infligée, il se tait. Le prêtre proteste de toutes les forces de son âme contre une sentence qui lui paraît injustifiée, et parce qu'il tient son mandat de Dieu et de l'Église et de ses mandataires. C'est à eux qu'il appartient de juger ma doctrine. »

Au surplus la sanction était bénigne ; même les journaux qui l'annonçaient pour condamner le prédicateur, étaient obligés de rendre hommage au prêtre-soldat. Et celui-ci se proposait bien de montrer à nouveau un jour ou l'autre « comment se conduit sur les champs de bataille un prêtre catholique qui met la vérité au-dessus de tout. »

Il commente le texte de sa condamnation

avec une vigueur et un entrain vraiment sans
repentir. « Jésus-Christ aussi, mon divin Maître,
a dit des paroles déplacées et de nature à
heurter le sentiment d'un certain public...
Mais depuis des siècles les foules ont vécu de
sa parole de vérité.

Mais les soldats qui m'ont entendu ont vécu
de ma parole ; ils se sont agenouilllés pour
demander le pardon de leurs fautes, et quand
ils se sont relevés, ils étaient tous prêts à donner
leur vie pour la doulce France. Allez donc leur
demander si j'ai heurté leur sentiment public et
s'ils jugent que j'aie dit des paroles déplacées[1].
Je vous défie d'en trouver un seul qui souscrive
de lui-même à votre condamnation. J'ai for-
tifié leurs âmes, j'ai exalté leur patriotisme :
ce faisant, j'ai été bon soldat et bon prêtre. »

Y a-t-il rien de si encourageant quand on
souffre, que de savoir que l'on aide à une grande
cause ? Convaincu de cette réalité que son
expérience des âmes constate à chaque pas, le
prêtre dévoué ne peut se défendre de souffrir
de l'injustice des hommes.

Au chef qui lui remit la note Galliéni, il fait
remarquer combien la récompense cent fois
méritée à Prosnes, à Auberive, à Massiges, se
fait attendre alors que la punition est si prompte.

On lui répond par de mauvaises raisons et

---

1. A la vérité, un officier chargé de l'enquête l'a déclaré :
Aucun des auditeurs du discours du 6 octobre ne s'était
ému de la parole incriminée et ne l'avait même remarquée.

le médecin-chef, le voyant partir pour les tranchées de lui dire : « Ah ! Monsieur l'Aumônier, ne vous en faites pas, allez, on ne vous en sera pas plus reconnaissant pour autant. » Mais lui va redoubler d'audace, d'héroïque imprudence. Tient-il donc aux hochets que convoitent les hommes ? Non, mais il veut avoir le droit, s'il survit à la guerre, « de crier à certains mécréants qui voudront nous tyranniser à nouveau » qu'il est aussi français qu'eux et peut-être plus qu'eux. Ce n'est pas pour de la gloire qu'il brave la mort : c'est par tempérament d'abord, et ensuite parce qu'il est le porte-drapeau de la religion et parce qu'il veut tenir ce drapeau haut et ferme, coûte que coûte.

Les épreuves ont-elles altéré la robuste constitution de l'infatigable apôtre ? Pour aimer la souffrance, on n'aime point tout de même ce que l'on souffre, et l'âme sensible en peut être ébranlée. Ou bien l'aumônier a-t-il pris froid en revenant des tranchées ? Toujours est-il qu'il se met au lit, un soir, avec une fièvre de 40° ; il délire et le docteur diagnostique une congestion. Il faut se soigner.

Oui, mais le lendemain, on demande l'aumônier pour une inhumation. Il y va, en cet état, et il y fait une allocution comme à l'ordinaire. Après quelques jours de repos, déjà las de son inaction, il prêche une retraite à Einville (sa résidence d'alors) aux jeunes filles de la paroisse. Cette imprudence détermine un accès de « pur-

pura » qui lui fait passer de pénibles heures, mais qui ne le corrige pas. Il va dire la messe aux soldats le dimanche suivant et fait deux discours. Le mal s'envenime : les docteurs veulent lui imposer un mois de congé. Il refuse et se soigne en allant faire aux tranchées un nouvel enterrement et un autre discours et converser deux heures durant avec les hommes. En rentrant, il se remet au lit et déclare se trouver « fort bien de sa journée. Tout ce qu'on fait pour Dieu étant rendu au centuple ».

Le lendemain, il décide cependant de rester au repos « pour essayer d'apaiser la Faculté qui le traite d'incorrigible et se fâche contre lui ».

Mais le dimanche suivant, il va dire les deux messes habituelles aux tranchées. Le soir, le trop courageux malade est comme atteint de paralysie. C'est un coup de massue. Que va-t-il devenir ?

Condamné au lit, avec complication d'une crise de foie, il souffre et il prie. De ce temps de repos forcé, il fait une retraite. Il ouvre son âme à la clarté divine et ses rayons lumineux l'envahissent : « Franchement, je ne sais si je suis arrivé au soir de ma vie, mais les lumières que verse sur mes jours le soleil divin, ressemblent fort à ces rayons enchanteurs des soirs d'automne qui embrasent le ciel et la terre et font la saison si merveilleuse à l'œil et si touchante au cœur. Si la lumière de la vérité est si belle en ce monde, que sera-t-elle dans l'autre ? »

Ce n'est pas aujourd'hui encore qu'il sera donné à l'apôtre de la contempler dans sa splendeur achevée : le cycle de ses jours n'est pas terminé : ils doivent se charger encore d'œuvres et de douleurs.

Noël approche. Qui remplacera l'aumônier auprès de ses fils ? Il se lève et s'en va chercher deux prêtres qui célébreront les messes à Bathélemont et Arracourt.

Quel triste Noël ! Il dit la messe tout de même, avec beaucoup de fatigue et de peine et rentre transi, mais un peu réconforté et de moins en moins décidé à se laisser évacuer. Sa pensée retourne vers la chère petite patrie de son enfance. « Je me remémore mes vieux Noëls, je les fredonne sous le ciel gris et triste de Lorraine, et me sens effroyablement seul. Jamais peut-être la vie ne m'a paru si terne, et cependant Dieu sait si je réagis pour adhérer à la volonté divine et trouver tout bien, même et surtout la croix. »

Un pénible incident alourdit encore cette croix pesante.

Le 28 décembre, rapporte l'aumônier, j'étais au salut à l'église d'A... et un régiment étranger s'y trouvait. A la fin du salut, le curé vient me prendre au milieu des fidèles et m'inviter à adresser la parole à ces hommes qui ne sont pas les miens. Je le lui fais remarquer... Il insiste. Je m'exécute en me plaçant au milieu des soldats, dans l'allée centrale. Je leur parle de la nécessité de prier, non seulement pour bien mourir, mais encore pour bien vivre, quand tout à coup, un homme quitte son banc avec fureur criant : « Voilà ce que tu viens nous dire, feignant ! Viens donc avec nous dans les tranchées... »

Émotion générale. Je m'arrête. Les hommes qui sont là m'invitent gentiment à continuer : je continue... mais mon cœur bat bien fort... On dit que le jeune homme est fou. Moi, je ne cherche que la pensée de Dieu : que veut-il de moi, en m'affligeant ainsi sans cesse ? Tout est là... »

Janvier, février 1916 s'écoulent encore pour l'abbé Lagardère, sans le remettre complètement sur pied. Il reprend malgré tout ses chevauchées apostoliques quotidiennes.

En mars, il prépare une deuxième fois les Pâques de l'armée, aidé cette année-là par un bénédictin de Ligugé, le R. P. Dom Moreau. Il en profite pour doubler le travail, organisant des conférences dans les remises « à moitié pleines de foin », aussi bien que dans les églises, cela malgré des souffrances dentaires qui lui rendent l'exercice de la parole difficile. Vie de surmenage où « la grâce de Dieu travaille les âmes », et où l'apôtre note avec joie des « retours inattendus ».

Au printemps, la 8e Division de Cavalerie s'en vint occuper la forêt de Parroy. L'aumônier eut son gourbi creusé dans le bois sous les sapins.

Là, il mène la vie dure, favorable aux surnaturelles conquêtes. Loin de s'en plaindre, il chante : « Allons, vive Dieu, la vie est bonne, surtout dans ces conditions. Je l'aime comme elle est, parce qu'ainsi elle est apostolique et vaut la peine d'être vécue. »

Dans ce coin de forêt, tout lui sert d'occasion pour faire œuvre surnaturelle. Tous les soirs de mai, il appelle les soldats au mois de Marie et leur parle de leur destinée éternelle.

Avec le mois de juin, les conférences sur le Sacré-Cœur remplacent les louanges de la Vierge. Il a formé parmi ses soldats une véritable élite : dans cette élite, il organise la garde d'honneur par bataillon.

Pour tenir les âmes en haleine, pour les arracher aux brutalités de leur existence, il ne se contente pas de parler deux fois, trois fois et jusqu'à quatre fois chaque dimanche, toute la guerre durant ; il fait encore des retraites aux soldats, il fait des retraites aux prêtres qui se trouvent dans sa Division.

Et il apporte à tous ces discours la même préparation soignée, la même méditation approfondie qu'il apportait à ses conférences du Carmel.

« J'admire comment dans la fournaise, vous trouvez encore le calme suffisant pour écrire

de si belles pages », lui disait son évêque après
avoir lu un de ces discours.

Son grand secret, n'était-il pas le zèle dévo-
rant qui lui arrachait des accents comme ceux-
ci : « Je sens que je suis père à l'infini, que j'aime
les âmes à en mourir... »

Poussé par cette charité, il parle devant vingt
hommes avec autant d'âme et de soin que
devant toute la division qui assiste, général
en tête, aux services solennels. Deux cent vingt
discours écrits de sa main, témoignent de ce
consciencieux apostolat. Si le temps lui manque
pour composer pendant le jour, il prend sur son
sommeil. Il est minuit parfois, quand il se met
à écrire la conférence qu'il a méditée sur la
voie romaine ou sous bois, au retour du secteur
exposé. Jusqu'à trois heures du matin, il
travaille, pour buriner sa forte pensée en une
langue concise et vivante où chacun entend, où
chacun trouve ce qui lui convient.

Sa parole lumineuse et chaude, aux argu-
ments vigoureux, trouve à merveille le chemin
des cœurs. Veut-on quelques titres suggestifs
et bien caractéristiques de sa manière militaire,
élevée et familière ? La grogne ; la consigne ;
la plaque d'identité ; garde à vous : voilà des
thèmes pratiques qu'il sait ennoblir et transposer
surnaturellement.

Tout est prétexte à son éloquence : l'évangile
du jour d'abord, mais aussi, à côté, une circonstance fortuite, une lettre reçue, une conversa-

tion, une lecture. Il fait de tout cela son pain, le pain qu'il pétrit dans l'épuisant labeur pour en nourrir les âmes.

Mais avec quels accents surtout il sait magnifier nos glorieux morts et chanter l'espérance[1] !

Son langage peut aussi, à l'occasion, être osé et cinglant, — il l'a prouvé. — « Le Verbe de Dieu n'est pas enchaîné », lui dit le Curé de Juvigny, après un discours fait dans son église, en juillet 1915. Et lui de répondre : « il le fallait bien : même ici, on oublie qu'on est en guerre, on ne respecte plus rien. »

Quand, à plusieurs reprises, ses dents mauvaises déchirent sa langue, et font de la parole une souffrance, sa grande frayeur est de ne pouvoir plus parler en public et d'avoir mérité cette épreuve en ne se rendant pas digne de distribuer la Parole.

Mais Dieu se contente de cet acte d'humilité, et l'aumônier continue son émouvant sacerdoce.

Les hommes sont gagnés par ce zèle rayonnant. Ils travaillent avec entrain à le seconder, ils construisent des chapelles dans la forêt, ils ornent les autels. Un artilleur du 7e apporte un jour à l'aumônier un beau tabernacle en érable et deux chandeliers de même essence, œuvre des territoriaux : « Ah ! les braves gens ne manquent pas en France, dit-il, tout ému, pas même

1. Plusieurs de ces discours ont été publiés : dans *La Croix*, dans l'*Éclair Comtois* ou édités en plaquette.

les chrétiens, ce qui manque, ce sont des cerveaux catholiques, bien conformés, ce sont des gens qui sachent penser, qui ne disent que ce qu'ils savent ou qui ne sachant pas, s'en rapportent à l'Église qui pense pour eux et leur sert des idées saines et est chargée de les leur servir. »

Prêtre de cette église et délégué par elle, l'abbé Lagardère entend faire son divin métier sans trève ni repos. Il veut informer les esprits, prévenir ou guérir l'intoxication des cerveaux qui conduit à la corruption des cœurs. Fidèle à sa devise : *crie et ne cesse*, il sème à tous vents la vérité libératrice, et son dévouement, son exemple ses convictions ardentes, sa parole, « douce aux petits et aux souffrants[1] », lui assurent une influence incontestable.

On ne l'écoute pas en vain. Ce prédicateur, ce père, change la mentalité de ceux qu'il approche, il en fait des héros, des saints au sens simple du mot : qui vivent en état de grâce.

Un jour, on a fait faire une patrouille en lignes ennemies dans la forêt, en plein midi. Un prêtre-infirmier se tient au poste d'écoute avec les camarades qui restent, et ceux-ci de se plaindre de cette exhibition, à pareille heure. Et l'abbé de leur dire : « Oh ! ne parlez pas ainsi. Si vos camarades du ...ᵉ escadron vous

----

1. Discours du médecin-chef, sur sa tombe, à la ferme Merlan.

entendaient, que diraient-ils ? — Le fait est que c'est vrai, répondent les hommes, ils sont tellement changés qu'on ne les reconnaît plus. — C'est que tous les soirs, ajoute le prêtre, ils vont écouter celui qui leur parle d'héroïsme, et les fait prier et communier. »

Il se donne si bien, il travaille tant qu'il finit par surmener le cerveau dans sa réclusion forestière. Quand il la quitte, au bout de quatre-vingt-deux jours, il est temps. Mais le soleil, le changement de milieu ont vite refait son robuste tempérament. Bientôt il peut dire : « L'âme est vivante et chante ; je garde rancune à la forêt de m'avoir ainsi mis à mal... Dieu sait pourtant si un rayon de lumière la faisait belle, si elle se parait de magnifiques toilettes diaprées le soir avant de s'envelopper d'ombre... »

Pour se rétablir, l'aumônier traite la fatigue intellectuelle par la fatigue corporelle en chevauchant avec Grison ; puis le ministère paroissial de Noményï, que lui confie le pasteur à l'armée, achève la guérison.

« Me voilà curé d'une paroisse de trois mille âmes » s'écrie-t-il avec enthousiasme, en recevant son mandat apostolique. Et il se met à l'œuvre, évangélisant à droite et à gauche, paroissiens et soldats, catéchisant, visitant les malades.

Pour gagner du temps, il parcourt à bicyclette le village et ses environs, en attendant de reprendre les tranchées...

Mais le 6 août 1916, une grande nouvelle tombe sur lui en coup de foudre : « La division est dissoute et mes dix-mille hommes dispersés... C'est une catastrophe... Le cœur est déchiré, il monte un calvaire. Que vais-je devenir ? »

L'abbé Lagardère assiste la mort dans l'âme, les jours suivants, au départ de la division disséminée ici et là. Il reste seul, avec Grison et son ordonnance, « dépouillé de tout, sans nouvelles, sans soldats, sans ministère... »

Il attend sa nouvelle affectation en mettant les jours à profit dans la méditation et bientôt dans la paix : « Je fais une retraite. Je vis dans une sorte de tranchée morale, j'ordonne mon âme et sa vie spirituelle. Je me fie à Dieu... Paix, paix et joie. Où que je sois, je sèmerai. C'est l'important. »

CHAPITRE XII

Dans l'Infanterie

———

Le 21 août 1916, l'abbé Lagardère était nommé aumônier titulaire du Groupe de bran- cardiers divisionnaire de la 8ᵉ Division d'In- fanterie.

Il rejoignit son nouveau poste à Troyes. La situation nouvelle s'annonce difficile et le premier dimanche se passe assez tristement à Minancourt où l'aumônier de Cavalerie connut de meilleurs jours.

Mais il n'est pas homme à bercer sa tristesse : il la secoue au lieu de l'étreindre et se défend de l'ennui par l'action. Il affiche quatre messes pour chaque dimanche et une conférence le soir. Le premier jour, il trace son programme :

« J'ai dit aux soldats que je voulais être un père pour eux et que nos réunions auraient lieu régulièrement, ne serions-nous que deux... Il faudra bien qu'ils y viennent, la grâce de Dieu aidant ».

Ayant des raisons de craindre que sa nomination ne soit que provisoire, il s'en trouve gêné. Une fois assuré qu'elle est définitive, il se met à l'œuvre, « non plus en timide mais en apôtre », et, pour agir plus efficacement, il s'installe au 115e : le voilà « dans la vie, en pleine vie ! »

Peu à peu, les sympathies naissent, et l'aumônier sent qu'il fera quelque chose dans ce milieu — « au moins autant qu'à la 8e Division de Cavalerie ».

Tout se régularise. Il organise les prêtres par bataillon. L'apostolat reprend aux tranchées, comme à la table de la formation. L'homme d'étude et de méditation est particulièrement outillé pour cette dernière forme de prédication. Il ne convertit pas toujours, mais il « oppose des raisons à des raisons », il « défend la vérité en présence de gens hésitants qui ont besoin de savoir qu'elle peut être défendue ».

C'est aussi l'époque du ministère paroissial le plus actif qu'il ait eu l'occasion de remplir au hasard des cantonnements, dans les paroisses abandonnées de l'Est. L'abbé Lagardère visite les gens chez eux, il va voir les malades, il attire au pied de la chaire les éléments les plus disparates, il fait le catéchisme aux enfants. Il faut le voir, les instruisant ou chantant au milieu d'eux ; il les confesse, il « soigne leurs petites âmes » ; il est plus que patient, maternel.

« J'aime tous ces gens, déclare le pasteur d'occasion, comme mes enfants déjà. Ils m'attendent tous : je vais dans les maisons, j'embrasse les tout petits, je serre la main aux grands-pères. J'ai distribué hier aux enfants du beurre du pays. Je donne ce que j'ai pour qu'ils me donnent leur âme, pour qu'ils viennent à Dieu...

Quand je prêche dans l'allée de l'église, au milieu des soldats, des enfants gazouillent à côté, sur le bras des mères et, le sermon fini, je vais bénir le petit qui a voulu faire un duo avec moi, et dans cette bénédiction, je mets mon sourire le plus tendre, sûr d'arriver ainsi au cœur des mères... »

Il évoque dans une pieuse rêverie le vieux prêtre de campagne si bien dévoué à sa paroisse qu'on l'appelait dans la langue du pays gascon : « Notre Seigne ».

« Quelle grande chose qu'un Curé ! Quelle force ! Quel éducateur ! Je sens bien que j'étais fait pour être Curé, pasteur d'âme ! » disait-il. On lui écrivit alors : « Vous êtes Curé de France » Le mot comme la chose l'enchanta :

« Ah ! qu'il fait bon vivre ! répondait-il. Et ma paroisse n'a pas cent âmes. Un humble curé de campagne, c'est un monde !... »

Et maintenant, il faut laisser l'œuvre entreprise et s'en aller, emportant les regrets de tous ceux qu'on a bénis, instruits, consolés.

L'aumônier du 115e, que le colonel K. appelait un jour « le premier soldat de son régiment » fait à pied avec lui les vingt à trente kilomètres réglementaires par jour, arpentant par tous les temps, le sol de France.

A-t-il un jour de repos, quelques heures ? Il réunit les soldats à l'église et il parle. Et l'on vient, et l'apôtre rend grâces .« Où que ce soit, avec n'importe quels éléments, j'arrive à faire vibrer les cordes de l'âme humaine. La plus grande force du monde, c'est la parole.

« Que les sceptiques viennent voir... Je commence avec rien, vingt ou vingt-cinq hommes, je finis avec six ou sept cents et avec des éléments étrangers au prêtre depuis le début de la guerre... Mais j'ai une élite aimante qui se fait apôtre. »

Il exulte, il crie de joie devant les conquêtes divines : « Ils sont pris mes fils : ils sentent que je les aime. »

« Mes fils, mes petits... » avec quelle dilection il prononçait ces mots, comme sa voix se faisait pour eux attirante et douce, comme on sentait dans la poitrine du prêtre battre le cœur de l'homme. C'était le secret de sa puissance sur les soldats. Ils ne s'y trompaient pas. Celui qui volontairement partageait leur vie de douleur,

celui qui librement s'exposait à la mort pour
leur porter une bonne parole, un sourire, celui-là
les aimait. Et quel autre motif que l'amour pourrait guider ses pas vers les boyaux tragiques où
les obus font rage, où l'on s'embourbe, où l'on
vit les pieds gelés dans les mares de boue et de
sang ?

Chaque jour, l'aumônier fait ici sa tournée :
la musette pleine de tabac et de chocolat, il va,
tel un miséreux, un Christ de cinquante-sept
ans, chargé de sa croix. « Mais ce passant de
misère attendrit ses fils, ce dévouement, après
tout inutile, les émeut, les fortifie. Ils accueillent tous — tous les hommes disséminés, çà et là
aux créneaux, — ils accueillent tous d'un bon
sourire, ce père, ce prêtre, ce Samaritain qui va
où que ce soit, où que ça tonne et qui acquiert
ainsi devant tous, — car tout se redit et cent
cinquante hommes le voient passer chaque soir
ce mendiant des âmes avec deux bottes de
boue jusqu'à la ceinture, — le droit de leur
parler demain d'héroïsme et de souffrance
volontaire. »

Il connaissait toutes les privations du poilu,
il partageait tous ses dangers. « Après la guerre,
lui disait le colonel, vous écrirez, vous direz
ce que vous avez vu, étant témoin, vous direz
ce qu'a fait le fantassin, ce qu'ont fait les officiers. »

Ce qu'il voyait ? « Une magnifique vie de

communauté dans la misère » et d'inénarrables douleurs : « Non ! jamais la France ne saura ce que nous avons souffert, s'écriera-t-il. »

Pendant les bombardements, s'il ne peut être présent dans le secteur visé, il dit son chapelet dans la nuit, les bras en croix et le cœur en larmes. Certain soir, il sort des tranchées avec un soldat qui va à B. en passant par A. : « Nous sommes vus », dit-il. De fait, aussitôt, un 150 boche part et tombe à A, au moment où passent les deux hommes ; il les renverse et les couvre d'éclats. Avant même d'être relevé, l'aumônier complète sa phrase : « Tiens mon vieux, le voilà !... » Et il file de son côté et le soldat du sien. « J'en ris encore », disait-il en contant l'histoire.

Un autre jour, un jeune officier l'arrête au sortir d'un bois : les obus tombent à 30 mètres et barrent la route. Il s'informe. Entre chaque obus, il y a un intervalle de trois minutes : « c'est assez pour moi ». Alors, sitôt un obus tombé, en route, au galop et il passe...

Il vit le plus qu'il peut son héroïsme à la bonne manière française, simple et joyeuse.

Si on le sollicite pour prendre une permission, il répond : « est-ce que je pourrais me réjouir sachant mes fils au Calvaire ? »

Non. En route plutôt pour le bois d'Ailly. Du trou qu'il habite là, l'abbé Lagardère rayonne alentour. Il est partout où l'on souffre où l'on meurt, sans préjudice de tout son travail apostolique et intellectuel, même à ce moment terrible.

C'est le même homme qu'hier : acharné travailleur.

Père si dévoué, et père de tant de fils, quand l'un d'eux tombe au champ d'honneur, la pensée du prêtre se porte aussitôt vers les pauvres cœurs inquiets qui vont souffrir.

Il prend la plume d'une « main qui tremble », et dans son cœur « qui bat plus fort qu'il ne voudrait », dans sa foi invincible, il trouve le mot qui calme la douleur et permet de porter la croix sans défaillir.

De toutes ces lettres, lettres aux familles, lettres aux soldats ou lettres de direction, il fait un apostolat. Elles se comptent par milliers. Avec son journal, elles extériorisent son âme et l'aident à tirer au jour ses richesses intérieures. Il y a de tout dans ces pages innombrables écrites au fil de la plume. Elles touchent à toutes les questions intimes ou publiques, religieuses, patriotiques, familiales, sociales. Elles sont émaillées de vivantes réflexions, de pensées vigoureuses, de remarques suggestives, presque divinatrices.

Du fond de ses « cagnas » ou de ses installations de fortune, l'aumônier militaire suit tous les grands mouvements français, il se tient au courant de toutes les initiatives intéressantes. Il reçoit sept journaux quotidiens, dix revues ; il a sous la main une douzaine de volumes qu'il expédie à l'arrière à chaque déplacement[1].

Il lit tout, il accumule sur toutes questions les notes et les documents : à la guerre comme en temps de paix, il veut savoir pour enseigner.

A l'occasion, il s'associe aux efforts patriotiques ou religieux de l'arrière, les documente ou les encourage.

Un capitaine, voisin de secteur, inspecteur d'enseignement primaire dans le civil, entreprend-il une tentative pour « *l'Union sacrée scolaire* », il trouve auprès de l'aumônier appui et conseil.

Un prêtre breton demande-t-il son concours pour répondre à l'injure allemande qui accuse notre armée d'être une armée sans Dieu, l'abbé Lagardère écrit pour *Calomnie* des pages vibrantes qui mettent en relief les plus beaux actes de foi de la 8e Division de Cavalerie. Il écrit pour la *Chapelle Castrale* de Vaucouleurs. Il écrit pour toutes les revues qui sollicitent son concours.

A la même époque, ceux qui le visitent, peuvent voir sur les tables des cagnas où se terre l'aumônier de la 8e Division, les feuilles éparses de son deuxième livre de guerre : *France, demain !* »

Il avait composé déjà dans les mêmes conditions d'insécurité, au bruit des obus et sur

---

1. Il expédia ainsi des ballots de coupures de journaux, des carnets de citations, des cahiers de notes et encore ses nombreuses cantines prêtèrent parfois à discussion.

les chemins de la guerre des pages graves et lumineuses[1] adressées aux épouses et aux mères des combattants, et des poèmes tout remplis de la grande poésie guerrière d'Ossian : *Chants d'Epée* offerts à ses vaillants compagnons.

Plus d'un après les avoir lus, s'en trouva réconforté et souscrivit à cette opinion d'un agrégé caporal : « ce livre mériterait d'être notre bréviaire, à nous autres soldats ».

En 1918, sur le front de Champagne, l'abbé Lagardère ouvrant un jour un de ces exemplaires qu'il donnait à qui voulait les prendre, y trouva ces mots : « j'étais attristé par de cruels souvenirs. J'ai lu ce livre admirable et je n'ai plus souffert... Mon courage a été renouvelé par le souffle vibrant d'héroïsme qui se dégage de ces pages ».

Une poignante douleur d'homme avait trouvé là un adoucissement, un refuge... Combien ce témoignage fut doux au cœur du prêtre-soldat écrivain !

Haut les Cœurs était à peine édité que l'auteur songeant aux reconstructions de l'avenir au milieu des destructions présentes préparait « *France Demain !* » A l'heure où la France d'aujourd'hui devrait absorber tout son zèle, il trouve le temps de penser à celle qui se prépare et de travailler pour elle.

---

1. *Les larmes consolées*, Ire partie du livre *Haut les Cœurs !* Les *Chants d'Epée* en sont la seconde partie.

Il abordait dans ce nouveau livre tous les problèmes vitaux d'après-guerre : dépopulation, alcoolisme, divorce, dislocation du foyer, erreurs d'éducation, vices d'organisation, anarchie politique et sociale. Toutes ces plaies, le prêtre les auscultait avec une intelligente et affectueuse pitié... puis à chacune, il prescrivait le remède qui la pouvait guérir...

Là encore, il se retrouve apôtre et rien qu'apôtre, l'homme qui n'ouvre la bouche et ne prend la plume que par amour des âmes, l'homme que dévore la flamme apostolique.

Avec quel cœur il désire « travailler à remettre la France dans sa voie traditionnelle », à lui rendre des « principes irréductibles, ancrés dans les profondeurs des générations et pour tout dire, un esprit de foi qui mette dans les âmes des clartés célestes, des assurances éternelles et des forces divines[1] ».

Mais ce livre, tout imprégné d'idées saines et fortement pensées eut ce défaut pour le public d'être trop lourd de documentation et de traiter de sujets trop graves : c'était un beau livre consciencieux de plus, sur des questions que chacun préfère écarter plutôt qu'approfondir.

Puis quand un ouvrage a une portée sociale, il ne perce que s'il est présenté par un groupe qui en fait la fortune. L'abbé Lagardère ne faisait exclusion d'aucun parti. Il rêvait de

____

1. *France... demain.* De l'éducation.

construire demain avec les idées bonnes de droite et de gauche et balayait devant sa porte tout ce qui n'était pas vérité. Il n'eût personne pour le pousser. *Haut les Cœurs* avait atteint trois éditions, *France Demain* ne dépassa pas la première. « On fait autour de mon livre, disait mélancoliquement l'écrivain, la conspiration du silence. » Il se refusait quant à lui à payer la réclame et à faire commerce des fruits de son labeur : il ne vendait pas la vérité, il la donnait libéralement comme il se donnait lui-même.

L'insuccès ne venait à bout ni de sa ténacité ni de son courage. « J'ai déjà sur le chantier, écrivait-il en janvier 1917, à l'évêque de son cher diocèse d'Agen, le *Paysan de France* que je vois à l'œuvre dans les tranchées… et je rêve de lui tracer un programme idéal… Je m'appliquerai à montrer que le paysan est l'élément fondamental de la France… Lui, le prêtre et le soldat sont faits pour s'unir et s'aimer étant créés pour se mesurer avec l'abnégation et la croix ».

A ceux qui s'étonnent de ce stupéfiant labeur, l'ouvrier de bien dévoile simplement sa méthode : « je divise mon temps en trois parts : je donne huit heures à l'apostolat — visite des tranchées de première ligne, et conversations d'homme à homme — huit heures à l'étude et à la prière et huit heures au sommeil et aux besoins du corps.

« Tant que le temps est à moi, je veux en profiter, ne pas en perdre une seconde, travailler, prier, souffrir, passer en faisant le bien, en semant la vérité, en accumulant des mérites... J'ai peur du repos : travaillons, travaillons, servons Dieu, aimons-le, faisons-le aimer, et glorifions-nous de souffrir. »

Ainsi l'activité peu commune de ce grand travailleur était conditionnée par un travail surnaturel incessant. Il le déclarait lui-même : « Je suis ainsi fait que je ne puis travailler qu'en manchettes — au spirituel s'entend. Quand l'âme languit, mon esprit est comme paralysé. »

Que la prière ranime sa ferveur, il retrouve du même coup son entrain laborieux et sa formidable puissance de travail.

Or, c'est ce grand besogneux qu'un officier saluait un jour de cette souriante apostrophe : « Eh bien ! Monsieur l'abbé, vous n'avez rien à faire : il y a peu de blessés. » La réplique ne tarda guère : « Monsieur, je ne fais pas le quart de ce que j'ai à faire et pourtant je travaille dix-huit heures par jour. »

La prédication ne lui suffit pas. Il la renforce par tous les tracts, brochures, journaux qu'il estime propres à répandre les saines idées. L'abbé Lagardère ne limite pas encore là ses devoirs. Il continue sur le front sa tâche de directeur de consciences et les lettres vont rejoindre les âmes lointaines et leur porter le secours spirituel dont elles ont besoin.

En pleine période d'attaque, en juillet 1917, il trouvait moyen de composer un sermon pour ses carmélites de Besançon et de leur envoyer afin « qu'elles ne meurent pas de la faim de l'âme ».

Aussi ignorait-il le cafard. Il déclarait volontiers qu'il « ne connaissait pas ce garçon-là, » et qu'il n'avait « jamais eu une minute de lassitude morale ». Si la vie militaire a ses jours bons et ses jours mauvais, si les vents délétères soufflent, « on les laisse passer et on siffle. J'ai sifflé... Je reste seul, isolé, rocher désert. »

Détaché de lui-même, tout aux autres, on dirait à l'entendre qu'il ne récolte que joie. La contradiction même décuple ses forces. Sentir son influence discutée, jalousée par certains qui voient en lui une puissance à combattre, ranime ses énergies.

Rencontre-t-il un chef hostile ? « Je lui serre la main et mets mon âme au calme, dit-il. Moi, je ne lui veux que du bien : je n'ai fait que mon devoir et suis prêt à le faire coûte que coûte. Il déteste le Sacré-Cœur, moi je l'aime ; il m'accuse de vouloir commander son groupe, il se trompe : je voudrais seulement faire du bien aux âmes...

« Plus je fréquente les hommes, plus je les aime : je ne leur parle pas religion, jamais, mais j'aborde tous les sujets qui frôlent la religion et je leur laisse le soin de tirer la conclusion : sans principes et convictions, pas de morale. »

Il revient avec son régiment en cette plaine de Champagne « où le chant du courelis triste et affectueux, tragique et souriant l'a déjà salué trois fois ».

De nouvelles inhumations l'attendent, comme en témoigne son journal :

9 mai. — « ...j'enterre vingt et un de mes enfants... Je les range chacun à leur place et les recouvre maternellement : ils m'émeuvent au suprême degré. L'un est en soixante morceaux retrouvés à deux cents mètres les uns des autres.. un bras ici, une main là, de la cervelle ailleurs... Ce sont des Christs déchiquetés. Aucun mot, aucune expression ne traduirait adéquatement de telles calamités. C'est de l'indicible. Mes mains, mes bras, ma douillette sont maculés de sang et de chaux. On sent le mort à dix pas. »

L'abbé se rend aux tranchées le 13 mai, portant avec lui le ciboire qui contient les Saintes Huiles et la Sainte Réserve et qui l'accompagne partout : « C'est la procession quotidienne de Notre-Seigneur dans le secteur, c'est mon palladium, et en route sous les obus. Je ne presse jamais le pas, je converse avec le Maître et le prie, et Il converse avec moi...

« Barrage terrible à l'aller. Je vais et reviens en paix, me fiant à Dieu... »

De rudes heures attendent le 115e, dans le

Massif de Moronvilliers : le Mont-Cornillet, le Casque, le Téton, autant de sanglants souvenirs. Mais le mieux n'est-il pas de reproduire telles quelles les notes de l'aumônier en ces journées tragiques ?

« 21 mai. — Attaque... le barrage est tel que les blessés ne peuvent être apportés... N'y tenant plus, vers une heure du matin, je monte avec deux gars qui vont à mi-chemin et qui se sont perdus. Je les remets sur leur route, mais avec mille peines en passant et tombant dans les trous d'obus, en nous aplatissant quand les obus éclatent... Ils sont arrivés, moi pas encore.

Je saute dans mon cimetière du bois Z... Ça tombe partout. Vers trois heures je brave le barrage et tente d'aller en première ligne en zigzaguant entre les obus... .

J'y suis. Je me place devant la porte du poste de secours et au fur et à mesure que les grands blessés sont tirés de leur sape, je les vois, je les confesse et les administre... Je vais voir le champ de bataille. Des morts partout, une montagne dévastée, l'image de l'enfer, des blessés... d'autres enterrés : je dégage celui-ci et celui-là. Je reviens au poste de secours et je reprends mon œuvre : on identifie les cadavres, et quand le dernier grand blessé a disparu, vers neuf ou dix heures, je rentre... A trois kilomètres, loin de la première ligne, un obus tombe sur une batterie... et un éclat vient me raser, formidable, et va tomber à dix pas.

La guerre, c'est une boucherie ; il faut la voir non dans les communiqués, mais sur place... des blessés, des mutilés, des cadavres partout coupés en deux, en dix, en trente morceaux projetés à cent mètres les uns des autres. Il faut voir nos sapes sous la pluie, dans la boue, dans l'infection... les hommes blancs de chaux et de boue de la tête aux pieds, haves, sales, défigurés, méconnaissables, circulant comme des fantômes.

La guerre, c'est une atrocité... Un mort, c'est un objet de rebut ; un grand blessé, c'est un martyr qui n'a qu'à se tenir en paix, à ne pas dire un mot, à ne pas faire un geste... Ici, il n'y a plus de place pour le cœur, pour la pitié, pour le sentiment... C'est le « faites vite » pour qu'un autre passe et f... le camp... Les phrases, les phrases... assez, assez !... Et voilà une pâle idée de la guerre.

23 mai. — Un kilomètre en pleine piste, en allant en ligne, sous le regard de quatre saucisses, par un bombardement intense... pour montrer le prêtre... en disant mon chapelet... A la porte du poste de secours, éclat d'obus sur le bras gauche qui brûle le caoutchouc de ma douillette, me fait grand mal, mais pas de plaie...

26 mai. — Au repos en cantonnement... Salut, discours, confessions... Vingt jeunes. Oh ! la belle confession... ; il y a là des âmes de toute beauté, qui servent Dieu mieux que moi ; et qu'ils sont beaux, transfigurés en sor-

tant de la fournaise ! …L'âme a de poignantes émotions… Je vous dis que le Christ est aimé à la folie. »

Après de telles journées, l'abbé Lagardère éprouve l'impérieux besoin de se refaire hors de cette atmosphère de sang et de mort. Il accepte une permission pour Besançon. Va-t-il au moins s'y reposer ?

« Je vous donne l'ambon pour y prêcher à vos permissions » lui avait dit un jour le vénéré Curé de Saint-Maurice. Il s'en souvient et il use du droit qu'on lui a donné. Les Bisontins revirent en chaire le prédicateur amaigri et blanchi par les fatigues et les douleurs de la guerre, mais toujours plein de vigueur apostolique, les yeux baignés de cette lumière et de cette jeunesse qui est le signe des âmes passionnées, et qui faisait dire sur le front de bataille : « qu'on teigne la barbe et les cheveux à l'aumônier, et on lui donnera trente ans ». Sa force physique n'a pas vieilli. Il n'y a pas si longtemps que voulant faire la leçon à un officier, il l'avait pris à bras le corps et couché à terre, ne lui permettant de se relever qu'après excuses.

Il rapporte à Besançon une éloquence renouvelée par les souffrances indicibles de trente-cinq mois de guerre ; il émeut, il console, il fortifie. Partout, il donne et il se donne ne demandant lui-même qu'à Dieu de refaire ses énergies.

Puis il revient en son « terrible secteur » qui

n'a pas de boyaux suffisants ; où la mort broie quotidiennement en des bombardements furieux, criblant d'éclats le seuil du gourbi qui l'abrite.

C'est la dure période d'attaque du Mont-Blond et du Mont-Haut : vingt-six jours de calvaire dont voici quelques échos.

« 5 juillet. — Je pars pour ma visite des tranchées. A mi-chemin, je suis pris par une rafale d'obus, les gaz m'étouffent... Je confesse et communie de jeunes enfants en ligne. J'ai vu tout le monde, toute la nuit, sous le bombardement.

6 juillet. — Ça tombe. Je vais à l'extrême-gauche, aux tranchées de départ. Les hommes sont fatigués, défaits[1]. Je les console ; tout est compté là-haut.

9 juillet. — Le mystère de l'avenir nous échappe : il nous est bon de ne rien savoir. A chaque jour suffit son mal. Travaillons surtout et combattons comme des désespérés. Soyons les hommes d'aujourd'hui qui remplissent le présent de leur travail et se disent : demain n'est pas à moi.

15 juillet. — Neuf heures du soir. — Je suis intérieurement poussé à aller en ligne. Contre-attaque boche. Ça tombe. Les blessés arrivent. Il y en a partout. Il y a de tout : des boches, des nègres, des fous, des gens convulsés, des

---

1. Après un insuccès.

irresponsables. On parle, on hurle, on soigne, on dit le mot de Dieu, on donne la goutte d'eau, on attache les furieux. Scènes indescriptibles. Et ça, toute la nuit. A la lettre, l'enfer ».

Le 1er août, l'abbé Lagardère apportait au lit de mort de sa mère, une nouvelle palme avec cette magnifique citation : « Aumônier d'un courage et d'un dévouement admirables, se dépensant sans compter : durant la période du 25 juin au 20 juillet 1917, n'a cessé sous les bombardements les plus violents de parcourir le secteur le jour et la nuit apportant aux soldats jusqu'en première ligne l'encouragement de sa présence, et visitant les postes de secours notamment les 14 et 15 juillet où il a ainsi apporté à de nombreux blessés le réconfort de sa parole et les secours de la religion. »

Sans attendre la mort de cette mère qu'il adorait, il retournait à son poste, savourer son « infinie douleur ».

Il arrive pour être décoré par Gouraud et sitôt décoré va « s'ensevelir dans son tombeau » car il n'y a pas de place pour le prêtre dans le défilé des troupes : « Nous ne sommes pas du monde, songe-t-il tristement, nous lui sommes étrangers, et il nous pardonnerait plus volontiers nos vices que nos vertus... »

C'est l'ombre qui passe sur l'horizon de cette vie illuminée par l'action intense, la vertu et la grâce ; mais rien ne peut avoir raison de cette âme héroïque. Dans une heure de méditation qu'il savait faire exquise, le prêtre-soldat, songeait avec douceur à la plénitude de sa vie si remplie de labeur, d'émotions toujours neuves, d'impressions toujours vives : « Je me demande si ce ne sont pas les plus beaux jours de la vie qu'on goûte à cette heure, tant il y a de soleil, de poésie, de grand air, de force, de jeunesse en moi. Les matins et les soirs sont splendides, la plaine est d'or, les ruines superbes pleurent au soleil... »

La circulaire ordonnant aux aumôniers d'habiter au G. B. D. le trouve dans ces dispositions. Croit-on qu'il en profite pour quitter son poste dangereux sans craindre les reproches de sa conscience ? Ce serait mal connaître l'homme. Vingt jours après, il est encore là. Il ne se décide à partir que sur un ordre formel du médecin divisionnaire, son chef, et le sacrifice est dur, on peut l'en croire : Les âmes vont souffrir de ce départ et « tout l'être est en émoi » à cette pensée.

L'aumônier rejoint donc la formation la veille de Noël. Une nouvelle épreuve l'attend,

« Je vais à l'église à dix heures, il y a là des masses de gens à confesser. Je confesse jusqu'à minuit. En sortant du confessionnal, je trouve un soldat ivre qui est étranger à la Division et cause tout haut dans l'église : doucement je le prie de sortir et je sors avec lui. Il veut rentrer, on s'interpose et tout à coup il m'assène un coup de poing sous le nez et me brise la mâchoire inférieure. Un flot de sang jaillit, j'ai une dent cassée. Me voilà une loque, et il est minuit et l'église est bondée. Je vais me faire panser à l'ambulance d'à côté et je rentre à l'église. J'y fais quand même un grand discours, mais dans quel état : la bouche et le nez sont tuméfiés, la tête est en feu. »

Après la messe où les communions nombreuses sont un dédommagement à sa souffrance il va faire lever la punition de son bourreau : « Il m'insulte encore, car il est ivre. Quel Noël ! »

Au G. B. D. comme ailleurs, le prêtre zélé fait du ministère : « Mon milieu actuel est très consolant et très cordial. Mon église est pleine. Je fais le catéchisme à trente enfants et je donne à brassée à ces petits, et j'en fais ce que je veux avec mon cœur. »

A la fin du mois, on apprend qu'on démonte les capitaines et les aumôniers : Grison va partir et son maître en ressent grande peine. L'apostolat aussi en va souffrir : « Immense sacrifice. Nous devons nous détacher de tout, conclut surnaturellement l'abbé Lagardère. Mais la foi, le sacrifice embellissent tout. Envers et contre tout, il faut nous faire des âmes chantantes, des âmes souples et d'acier qui s'adaptent et ne s'émeuvent de rien, qui soient en perpétuel acte de foi, qui aillent au Christ d'instinct, se plient en chantant à toutes ses volontés, n'aiment rien tant que le devoir... Tout est grand, dès qu'on veut. »

Le journal de guerre devient ici plus ramassé et plus bref. Chaque page, chaque ligne presque y est essentielle, comme chaque pas d'une marche rapide vers son but, et cette marche est en même temps une ascension de l'âme.

Fin mars, on parle de départ. Il fait une confession générale « pour être prêt à tout » et va toujours, en compagnie de sœur Thérèse de l'Enfant-Jésus « sa grande amie » avec laquelle il « cause » et « passe par tous les chemins ».

Au temps de Pâques, l'aumônier reprend ses tournées pastorales annuelles. Il note un jour, en ligne : « Je prends conscience plus nette de tous mes devoirs d'apôtre-soldat. Je gagne du terrain ». Mais laissons parler ces vivantes pages de l'année 1918, la dernière.

20 avril. — « Discussion grave. Je passe pour un terrible homme et le suis par conviction et par état... Qu'est-ce que je fais ici si je ne suis qu'aimable ? Malheur à moi si je n'évangélise pas. J'enfonce mon épée franchement et ne m'en repens pas. La vérité est intransigeante de sa nature. Nous avons besoin d'hommes et je veux en être un. Tant pis si j'y perds. »

Cet homme terrible est d'ailleurs aussi un gai compagnon quand la vérité n'est pas en cause.

3 mai. — « En ligne. Chemin faisant, je passe chez le Commandant du 10ᵉ Régiment. Je descends dans l'abri et, dans l'obscurité, j'entends le bruit d'une bouteille de champagne

qu'on débouche. Je chante alors de ma plus belle voix :

> Arrêtons-nous ici.
> L'aspect de cet asile me semble hospitalier,
> Il est fier entre mille, ce fils de chevalier.

Et d'elles-mêmes, les portes s'ouvrent. Le troubadour fut mis à la place d'honneur ; on devisa longuement et cordialement ; puis on partit comme on était venu, en visitant les groupes échelonnés au soleil.

4 mai. — Je repars à deux heures en bicyclette et parcours tout mon secteur. J'organise vingt messes en vingt groupes ; je vois les hommes, les officiers ; je confesse, je reçois des confidences... quel beau ministère d'apôtre ! je fais deux kilomètres pour procurer un prêtre à un homme qui veut communier à sept heures... Je rentre trempé, mais vigoureux et fort et l'âme juvénile, fière et chantante. C'est bien cela la vie du prêtre : plus il donne, moins il est las.

12 mai. — Panégyrique de Jeanne d'Arc à l'arrière. Église comble. Le discours est plein, calme et fort. J'ai prié et dit de terribles vérités : tout ce qu'un prêtre peut dire à des hommes.

14 mai. — En ligne. — Je confesse sous les éclats d'obus et je rentre à huit heures en bicyclette. Le chemin où je dois passer est pris sous le bombardement. Les autos sont remisées et attendent la fin. Moi, je prie Sœur Thérèse de

l'Enfant-Jésus, et je continue ma route... Tout à coup, un obus tombe à trois mètres en face de moi : les éclats volent devant et derrière et tombent sur mon dos, salissant ma douillette, mais sans me faire plus de mal qu'une chiquenaude, et je continue à pédaler, chantant intérieurement la bonté infinie de Dieu. Mes jambes sont bien un peu tremblantes d'émotion, mais le cœur jubile : j'ai passé entre les mailles et j'ai vu la main de Dieu ».

Le 24 mai, il revient au 115e et au 2e groupe d'artillerie du 31e. L'heure est grave. Heureux de reprendre la vie commune avec ses soldats, l'admirable « vie de communauté dans la misère », il note le 16 juin : « Mon 115 est admirable : Ce sont mes fils. Ah ! qu'on y est bien ! »

« 27 juin. — Grand discours le soir. Les hommes assaillent le confessionnal. Je fais communier à sept heures du soir ceux qui viennent de loin et vont le matin à l'exercice à six heures. Ça les renverse, mais ils obéissent. C'est beau. Je suis avec eux plus tendre qu'une mère : mon cœur se fond. Sur vingt-cinq, vingt-quatre viennent à moi.

...La guérison du cœur en des âmes mauvaises a été et reste ma passion : là encore je m'essaie à faire des chefs-d'œuvre, à tuer la chair pour que Dieu pardonne à l'esprit.

10 juillet. — Je vais au devoir en chantant de nuit et de jour, dans un décor d'une poésie et

d'un tragique à nul autre pareil... Je passe,
portant sur moi le Saint-Sacrement... rien ne
tombe... On dirait que dès qu'Il passe avec moi,
c'est la paix qui passe. J'en ai presque l'effroi.
Je reviens à minuit, une heure, deux heures,
seul avec Lui et c'est délices et paix... Et pas
une piste d'homme et Dieu sait pourtant si,
d'une seconde à l'autre, ici, il faut être prêt à
tout.

28 mai. (En ligne la nuit). — Je m'installe
dans un poste de quatre sous, sur un brancard.
Nous y sommes quatre tout habillés. C'est le
côté pénible de la guerre, cette promiscuité...

11 juin. — On me montre un mort, en face du
bois 235... Il est convenu avec le sergent D...
que nous irons le chercher ce soir... A huit
heures, je monte. A dix heures, nous partons
à quatre pattes, moi le premier, non sans avoir
fait le sacrifice de ma vie et de ma liberté. Je
vais de trou d'obus en trou d'obus ; les autres
suivent... Je suis au but. Le soldat X. est là
couché sur son sac, à plat ventre. On le retourne
sur la toile de tente apportée. Il vomit tout
son sang et son estomac fait un bruit de voix
humaine. C'est une infection. On lie les bouts de
la tente deux à deux, on passe un piquet sous
les bouts et en route vers nos lignes...

26 juin. — J'ai retrouvé un cheval. Mon
retour au G. B. D. est un poème entre la terre
chaude de mon enfance et moi. Elle m'accable
de reproches, m'en veut de l'avoir quittée et

me rappelle à elle avec des mots de douceur infinie. La lutte est tragique.

Mais par la grâce de Dieu, je remonte sur le pinacle de la vie — la mienne — avec tout ce qu'elle comporte de luttes et de combats en champ clos.

12 juillet. — C'est l'ère des échéances... chacun de nous se doit préparer : Je me prépare.

Tout est beau. On a vécu son rêve d'infini et de sacrifice. Le rêve peut finir. On a vécu sa vie. Elle eût pu être plus belle, c'est vrai, mais elle eût pu être un million de fois moins belle aussi, et cela me donne foi en Dieu...

13 juillet. — Expectative, angoisse...

15 juillet. — A minuit un quart, l'enfer se déchaîne, le ciel vomit les obus et la mitraille : ça tombe comme la pluie... Je fais à Dieu le sacrifice de ma vie... et je reste trois heures durant, debout dans les décombres et l'obscurité.

A trois heures... je vais prendre les Saintes Huiles à la chapelle et me dirige vers l'ambulance du 115 où déjà l'on apporte des blessés. Je vois ceux qui sont là et vais au G. B. D. porter mes soins à d'autres, et entre les deux, je fais ainsi la navette jusqu'à midi... Les blessés et les intoxiqués affluent de partout, chaque blessé qui vient nous dit que les boches sont là et dévalent à travers le village.

Le devoir est de ne pas abandonner le poste :

c'est donc cinq cents fois le sacrifice de la liberté que nous devons faire. Les mitrailleuses boches sont là tout près qui tirent sur nous, leurs balles volent autour de nous. Il va être une heure. Je ne vois plus de blessés. Le docteur me dit : « partez maintenant ». Je rentre chez moi avec mon ordonnance, je mets tous mes papiers en ordre en des musettes et paniers et nous partons cinq ou six ensemble en tournant Chatillon et en nous dirigeant du côté du prieuré de Buisson. Le lieutenant M. qui garde le haut du village à côté du G. B. D. me dit : « Dépêchez-vous, le boche est à trente mètres, il va vous atteindre. » Je marche. La mitrailleuse tire. Les obus tombent. On passe dans les champs et les blés, l'ennemi déborde de partout et nous poursuit ainsi l'espace de cinq ou six kilomètres. Il fait une chaleur torride : on est comme dans l'eau.

Ralliement à flanc de coteau vers six heures. Nous sommes là deux cent cinquante hommes, trois cent cinquante au plus : c'est tout ce qui reste du 317, du 217 et du 115.

15-16-17-18-19 juillet. — L'Enfer... »

Au lendemain de ces terribles journées qui étaient en réalité le premier pas de la victoire, le Commandement demanda la croix d'honneur — ce n'était pas la première fois — pour l'aumô-nier du 115. Il n'obtiendra qu'une troisième cita-tion. Mais bah! « Est-ce qu'on décorait saint

Paul ? Non : on ne le décorait pas, et il mourait pour le Christ. Je ferai comme lui, » conclut l'abbé Lagardère.

Il emploie le repos forcé qui suit Chatillon, à répondre aux lettres des parents qui affluent, demeurant là pour eux au lieu d'aller en permission, dévoué aux morts et aux souffrants. Il ne se décidera à partir que fin août quand le ministère se chargera d'aviser les parents des prisonniers et des disparus.

Continuant son funèbre ministère, le 31 juillet, il retourne sur le champ de bataille : « De quatre heures à minuit, j'identifie des morts. Quels spectacles ! Ils ne sont pas encore enterrés depuis le 15. Toute ma maison est brûlée et ma chapelle aussi. J'ai vu l'indicible. »

A peine rentrait-il de permission, en septembre, qu'on lui demanda s'il voulait être volontaire pour l'armée d'Orient. Il répondit officiellement : « Je ne demande rien, mais je suis soldat, commandez et j'irai n'importe où et à la mort s'il le faut. Mais commandez. »

La volonté divine le destinait à demeurer en sol de France... Les combats reprennent plus rudes que jamais.

Journal du 26 septembre. — « On est à l'honneur... On a vu la Mort et son visage ce soir.

Je me sens à Dieu par toutes les fibres de l'être.

...Je retarde le pas quand je suis ému : c'est un manque de confiance en la bonté de Dieu.

Je me calme et vais comme dans les rues de Besançon.

...Je prie... je supplie Dieu : pendant que les hommes détruisent, je fais de la vie, alors qu'ils font de la mort.

...Je prie pour que Dieu garde mes fils, mes chers fils. Quel cœur de mère est le cœur du prêtre ! Comme il s'émeut à la pensée de ses enfants, comme il les garde jalousement par la prière et l'amour !

30 septembre. — Discussion à table. On me trouve trop entier. — Pardon, ai-je répondu : j'ai voué ma vie à des idées ; je les défends quand on les attaque. Mon sacerdoce est lié à elles, je ne suis ici que pour les défendre : j'y suis officiellement et toute capitulation de ma part serait une trahison et une lâcheté. Ne me demandez jamais cela : j'y ferai plutôt couper ma tête. Je suis le fier soldat de ma foi.

Qu'on se le dise : à toute attaque de front, j'opposerai une attaque de front, et je le ferai avec mon tempérament... »

Et voici les derniers jours. Les mots se pressent, les gestes deviennent de plus en plus serrés comme les derniers grains se tassent pour tenir dans la mesure pleine.

6 octobre. — « ...Je vais identifier quatre hommes du 311, tombés sur la plaine ; dix fois, on me tire dessus... Pas de casse.

8 octobre. — Je pars ...le Saint Sacrement avec moi, au poste de secours le plus avancé...

On est à quinze mètres du boche derrière la Suippe, car l'ennemi est à flanc de coteau et la Suippe à cinq ou six mètres de large. Je reçois près de cent balles de mitrailleuses qui sifflent à mes oreilles ou tombent à mes pieds. Je vais sur le bord de la Suippe et passe par un trou de mur où tout homme qui se hasarde est tué.

J'y passe vingt fois... trois hommes tombent : je les recueille et soigne. Le téléphoniste G. est atteint à la tête : il tombe dans mes bras... confession, communion... action de grâces terminée splendidement. Râle de l'agonie, épanchement du cerveau. C'est navrant. Un autre est atteint au ventre. Je le panse. Je reviens auprès du Commandant. Nous sommes étendus par terre. Nous causons à trois. Le Commandant est blessé aux deux genoux par une balle. A la renverse étendu, il dicte ses ordres trois-quart d'heure. Je veux l'emporter sur mes épaules. Il refuse. Je vais chercher un brancardier. Il part.

Des rafales de mitrailleuse toutes les dix minutes, font tout trembler. La passerelle est mise, cinq hommes passent. Mitraille. On fait évacuer. Un seul homme reste. Je m'installe près de lui et je peux causer aux cinq qui ont traversé la Suippe.

Il est nuit : je pars, confession chemin faisant... Mon âme est heureuse.

12 octobre. — Des blessés au bataillon d'avant... Une auto y va et le docteur. Je veux

monter, il s'y oppose parce que j'encombrerais au retour : « Pardon, Monsieur, votre conception du devoir n'est pas la mienne » et je monte. Je confesse en ligne tous mes blessés et je repars à pied la nuit dans les bois... ayant dit très fort qu'avec moi il n'y avait rien à faire : je suis seul à bien connaître mon métier.

...Le Boche f... le camp... La mort m'a menacé cinq cents fois ».

Avant de le frapper, elle laisse passer devant elle une fois encore l'épreuve, fidèle jusqu'au bout au disciple du Christ.

23 octobre. — « ...Je passe par toutes les agonies... O Seigneur, il est des heures où la mort est une délivrance. Il sera dit que j'aurai tout connu, bu à toutes les coupes, et épuisé tous les calices.

24 octobre. — J'ai reçu des gaz, je tousse et éternue, j'ai vu tous mes hommes au soleil, j'ai vécu seul à seul avec mon âme... j'ai souffert physiquement et moralement... Un infirmier m'a bandé le cœur ce matin pour l'empêcher de battre trop fort.

29 octobre. — C'est l'épreuve physique et morale, plus j'étudie les hommes et plus je me convaincs de ceci : Les idées sont une force pour le bien ou pour le mal. Un jour ou l'autre nos actions finissent par ressembler à nos idées...

31 octobre. — (A propos d'un article sur l'Aumônerie et les ambulances.) Ces gens-là font

de la vie sur le papier et par ordre. Moi, j'en fais avec du sang et m'en tire comme je peux : c'est dur. Les âmes et la liberté se conquièrent péniblement. Qu'ils viennent voir contre quelles âmes de sectaires on se heurte et si on les domine avec des décrets ! Ils font fausse route en plein : ce ne sont pas les libertés qui nous manquent, ce sont les saints, les dévoués, les héros, les curés saints et héroïques. Qu'on les fasse d'abord avec des décrets d'Église, après quoi on n'aura pas besoin des décrets de l'État. Un saint... ça rayonne, mais c'est cher.

2 novembre. — Service pour les morts de la Division... Je parle en prêtre et en homme de doctrine. Je dis tout ce que j'ai à dire et nul ne m'intimide.

Lundi 4 novembre. — Dans la matinée, je mets ma correspondance à jour. Boue immense. Soleil. Bientôt repos, dit-on ou ne dit-on pas. A la garde de Dieu. On lit les journaux. On observe les hommes. Jamais ils ne se montrèrent à nu comme à présent. Étude suggestive : Il me semble que je saisis bien des présages de la vie de demain. Ah ! la guerre n'est pas finie ! Il n'y a que les saints et les hommes dompteurs de leurs passions qui vivent dans la paix. Les autres, pas.

Et c'est tout. »

CHAPITRE XIII

Le sacrifice

Les derniers moments — Le retour à la petite patrie —
« Credo ! » — Regard en arrière — L'offrande loin-
taine — La montée de l'âme — L'immolation.

Le soir du 4 novembre 1918, l'abbé Lagardère
était allé à Nanteuil-sur-Aisne voir les soldats
de la 11e Compagnie, qui occupaient la première
ligne.

« Comme d'habitude, écrit un témoin, il les
avait réconfortés de sa présence, de ses encouragements et leur avait distribué des cigarettes.

En revenant, il fut pris sous le violent bombardement que les boches déclanchèrent avant
de se retirer de leurs positions.

C'était la veille du jour où nous avons franchi
l'Aisne et avons poursuivi l'ennemi, sans plus
nous arrêter jusqu'à Mézières. Les obus tombaient partout sur la route que suivait l'aumônier. Il veut se mettre à l'abri dans un trou
pratiqué dans le talus de la route. Au bout de
quelques instants, un obus éclate et notre cher

aumônier est atteint par un éclat à la tête.

Les brancardiers se trouvaient à proximité : ils mirent le blessé sur un brancard et le portèrent jusqu'au poste de secours. L'abbé Lagardère avait perdu connaissance : la blessure était grave, car la cervelle était apparente. En arrivant auprès du major, il respirait encore. Il reprit ses sens, éleva son âme vers Dieu... remercia ceux qui l'avaient transporté et il expira.

Il est mort en première ligne... Il est mort, on peut dire, le dernier jour, car si nous eûmes encore des moments pénibles jusqu'à l'armistice, cependant ce fut le dernier gros bombardement. »

Une automobile sanitaire le transporta à dix kilomètres de là, à l'ambulance de la ferme Merlan, près de Pont-Faverger. D'aucuns ont dit que la mort n'avait pas encore fait son œuvre et qu'on voulait tenter la trépanation.

Un peu plus tôt, un peu plus tard, c'est ce jour que le noble prêtre rendit à Dieu la vie qu'il lui avait donnée et l'âme héroïque où le sacrifice agréé, mettait le trait suprême de la divine ressemblance. Dieu l'amena jusqu'à son trône sans qu'il s'en aperçoive pour ainsi dire : un merci, une prière et ce fut tout. C'est bien là cette aisance naturelle dans le don qui lui faisait dire : « Je donne ma vie à Dieu simplement, comme je donne un sou à un pauvre. »

La mort qu'il abominait en tant que néant le toucha à peine. Il ne fut pas diminué un instant par sa main hideuse... il passa de la vie intense en Dieu, à la vie même de Dieu.

Le médecin divisionnaire rendit un beau et rare témoignage à l'aumônier aimé et admiré « que le corps de santé s'honore d'avoir compté parmi ses membres », à « cette vie toute d'honneur, de bravoure et de sacrifice ».

Mais c'est sur un cercueil que les hommes déposèrent la Croix de la Légion d'honneur qui venait enfin couronner « l'admirable dévouement de l'aumônier catholique[1]. »

Il fut enseveli non loin de la ferme Merlan, au milieu d'une vingtaine de ses fils, à l'ombre d'un bois circulaire doré par la gloire du victorieux automne.

Durant quatre ans, il reposa — ici d'abord, puis à Varmériville — dans cette terre légère de l'Est qu'il avait tant parcourue de sa démarche ferme en ses randonnées d'apôtre-soldat. Mais il avait demandé à dormir son dernier sommeil dans le pays natal, au cimetière de

---

1. « Aumônier catholique de la plus haute valeur morale, a tenu à demeurer au front depuis le début des hostilités quoique dégagé par son âge de toute obligation militaire. A toujours prodigué avec le plus admirable dévouement le secours de son ministère à de nombreux blessés sous le feu, en même temps qu'il réconfortait sans cesse tout son entourage par sa parole ardente, l'élévation de ses idées, son courageux sang-froid dans les circonstances les plus critiques. Estimé et aimé de tous. Le 4 novembre 1918 a été grièvement blessé en première ligne, à l'âge de cinquante-huit ans, alors qu'il parcourait les positions du régiment d'infanterie auquel il s'était particulièrement consacré depuis deux ans. Trois citations. » *Officiel du 6 avril* 1919.

ses pères. Le jour vint où lui aussi, « comme ses frères vainqueurs, fit retour dans ses foyers[1]. »

Le 25 mars 1922, il quittait Varmériville, après un nouvel hommage que tint à lui rendre un prêtre de la région marnaise qui avait été témoin de son dévouement.

Le mercredi de Pâques, la dépouille mortelle de l'abbé Lagardère arrivait à Couthures, escortée par deux autres cercueils, deux soldats, deux de ces « petits » qu'il avait tant aimés et qu'il n'abandonnait pas même dans la mort.

Toute la population Couthuraine accompagna ce retour semblable à un triomphe. De l'église au cimetière, on ava t fait une jonchée comme celles que foulaient jadis, aux jours de Fête-Dieu, les pas légers de l'enfant de chœur, et les tombes bénies disparurent sous les gerbes amoncelées.

Il attend maintenant la résurrection des morts auprès de ceux qu'il a tant aimés, dans l'humble petit village d'où sortit une si grande âme. A côté de lui, dans le sein de la terre maternelle, d'où le juste renaîtra à la vie nouvelle, le texte du *Credo* déposé par de pieuses mains familiales, atteste l'invincible Espérance. Ainsi l'avait demandé le grand soldat du Christ avant l'immo ation sanglante.

La voix de l'apôtre immortel, chante encore

---

1. Allocution prononcée par l'abbé Lagardère sur le cercueil du capitaine d'artillerie Jenoudet, de la 8e division de cavalerie.

du fond de la tombe « *Sursum ! Non habemus hic manentem civitatem.* Notre chez nous est là-haut, un peu plus tôt, un peu plus tard : les vies humaines ne tiennent pas grande place au regard de celui qui est la vraie vie. Montons jusqu'à lui, aimons-le, servons-le, disons-le, donnons-le, chantons-le, vivons-le, le sourire aux lèvres jusque dans la mort, la joie au cœur.

Le cimetière est un dortoir ; un cercueil est un berceau qui porte en germe non plus un homme, mais un dieu : *dii estis.* Oh ! qu'il fera bon là-haut ! Et qu'il fait bon peiner, souffrir, travailler, chanter, faire ici-bas l'apprentissage de la vie de là-haut ! »

L'abbé Lagardère avait ajouté en écrivant ces lignes à une religieuse : « Si je meurs avant vous, à la guerre, vous recopierez ce *Credo* de mon âme et vous le ferez mettre dans mon cercueil avec tout l'autre, *Le grand*, dont celui-ci n'est que le commentaire. *Credo !* » Ainsi s'affirme jusqu'au delà de sa vie mortelle, la foi héroïque d'un grand serviteur de Dieu.

C'est justice : la foi ayant été le fondement de sa vie comme elle en devient la couronne. C'est à la foi qu'il dut la plénitude magnifique de son existence ; c'est la foi qui modela son âme magnanime tout envahie par l'enthousiasme divin.

Avant de la laisser au grand silence de la conception éternelle, retournons-nous encore et regardons cette âme qui demeure immortelle dans la ruine du corps, regardons-la bien pour la reconnaître au matin de l'Éternité.

L'hostie est immolée, et c'est le coup sanglant qui fixe nos regards et marque la victime. Pourtant, si nous regardons en arrière, que voyons-nous ?

Depuis les premiers jours du sacerdoce, une idée féconde entre toutes aimante la volonté du jeune prêtre, cette idée qui est, nous dit-il, « comme l'âme de son âme » a sa racine dans l'essence même de la vie humaine après la chute : c'est l'expiation.

L'expiation est pour moi, déclarait-il « synonyme de foi, de dévouement, de charité, de pureté, d'héroïsme, que sais-je enfin ? Elle revêt diverses formes... mais quel que soit le vêtement que l'intelligence ou la volonté lui donne, le cœur la reconnaît partout et à la base ou au sommet il trouve ces mots gravés en lettres de feu : Jésus-Christ ! »

L'étudiant du Séminaire Français développe toute sa pensée dans l'exhortation qu'il adresse à une âme sous le pressoir : « Dieu vous a choisie entre mille pour vous associer à son œuvre d'expiation, et vous l'accusez d'injustice. Il faut à la Justice divine un tribut de sang. Celui du Christ a apaisé sa colère, mais depuis, Dieu est insulté et honni. Notre pays en particulier le bafoue et l'outrage, méprisant le sang du Verbe fait chair. Si je me place au point de vue

individuel, il est évident que le rôle de celui qui
mêle son sang au sang du Christ est un rôle
divin ; si je me place au point de vue social,
son rôle est encore plus grand et plus saint...
La France a oublié son devoir... Mais elle a
encore des fils dévoués : ces fils, ce sont les âmes
qui réparent par la souffrance, ce sont les âmes
dont le sang crie pitié, pardon... Il faut apaiser
la justice, il faut sauver. »

Avec la rigoureuse logique divine qui est le
fait des cœurs généreux et des grands caractères,
le disciple, à l'exemple du Maître, prend sur
lui les fautes de ses frères avec ses propres
misères.

L'ardente charité qui lui inspire cette résolu-
tion lui dicte des lignes admirables.

« Ma prière unique, ardente, c'est d'être
victime. Plaise à Dieu qu'elle soit entendue, et
qu'au jour où la mort viendra me coucher dans
la tombe, je puisse montrer au Christ mes blessures, et mon Crucifix en main lui dire : il fut
le modèle ; voyez si la copie est ressemblante
et ne vous souvenez plus de mes fautes. »

« Je me surprends, lisons-nous aussi dans les
notes intimes de Rome, à demander l'expiation
jusqu'au sang et jusqu'au martyre.

La souffrance est mon élément : ma croix à la
main et la paix dans le cœur, je voudrais parcourir le monde pour lui donner la paix et le
convertir à Jésus-Christ. »

A la même époque, après une visite aux tom-

beaux des saints, l'abbé Lagardère parle encore
dans un transport d'enthousiasme du Dieu des
martyrs pour lequel il « espère mourir un jour,
espérance pour moi certaine », ajoute-t-il. Et
c'est nous qui soulignons cette intuition mys-
térieuse qui se réalisera trente ans plus tard sur
un champ de bataille où l'amour des âmes aura
poussé l'apôtre. N'y a-t-il pas là un signe des
prévenances de la grâce qui fait pressentir à
ceux qui en sont favorisés, les desseins de Dieu ?

Et voici le mot ultime écrit aux mêmes jours
et qui peut, dans sa précision, servir d'exergue
à cette vie et à cette mort prédestinées :

« O Christ ! je vous aime... et il me semble
qu'un jour il me sera permis de vous en donner
un témoignage sanglant. Accordez-moi cette
grande grâce après une vie toute d'épreuves et
de bons combats. »

Magnifique langage qui classe une âme parmi
l'élite de l'humanité.

Mais on jette ces mots vers le ciel dans la
ferveur sacrée de la jeunesse sacerdotale, quand
on se relève frémissant d'une prosternation
aux catacombes, brûlant de donner à la foi
souveraine la preuve du sang donnée par les
martyrs... En est-il de même dans la plénitude
de la vie puissante, alors que l'ivresse de la
lumière du jour vous a repris, alors que l'homme
se sent roi dans l'enivrement de sa force auda-
cieuse ?

Les paroles semées çà et là au travers des

pages précédentes comme des gemmes brillantes sur la trame serrée de cette vie généreuse, les gestes héroïques dont elle est tissée, ont déjà répondu. Les années passeront sans rien changer aux dispositions du prêtre. Les lettres du directeur de consciences, les discours de l'aumônier militaire, les méditations écrites de sa main à la veille du sacrifice, rendront le même son, sans une fêlure.

Résolu à sauver les âmes comme le Maître et avec le Maître, l'apôtre n'aura pas de mesure dans le don de soi et ne reculera devant rien.

Une fille de sainte Chantal qui l'avait bien connu, chantait après la mort de l'abbé Lagardère « l'exquise beauté de cette âme crucifiée. Elle a gravi son Calvaire, disait-elle, en y marchant à pas de géant. Quand mon courage défaille, cette vision d'une âme marchant à la suite de son Sauveur et se rendant elle-même rédemptrice sanglante pour le salut commun, m'est une force non pareille. Je vois le regard profond de ce vrai prêtre fixé sur Jésus, son modèle, dont il a suivi les traces jusqu'à la fin ».

Et un fier soldat faisait écho de l'armée à ces lignes du cloître en disant de son aumônier : « au point de vue religieux il vécut pleinement sa foi, comme au point de vue humain, il vivait le plus qu'il pouvait son héroïsme[1] ».

---

1. Commandant de L.

Ainsi le « grand *Credo* » déposé dans son cercueil comme le *consummatum est* de la vie de l'apôtre est bien celui qui commanda de l'aube au couchant sa journée ; le cri d'espérance qu'il lança des catacombes : « *cæmeterium*, c'est un dortoir » est le même que cet autre, jeté cent fois aux échos des batailles sur les tombes fraîches des soldats : « nos tombeaux ne sont que des tranchées d'un jour... », le même qui s'exhale de son propre tombeau.

« Sa mort volontaire et consciente, ainsi qu'il le disait d'un de ses « fils », est comme une offrande très pure de victime agréable à Dieu, comme une flamme aussi qui éclaire nos voies, qui illumine ces horizons célestes que nous sommes trop tentés de perdre de vue[1]... »

Et notre faiblesse même peut y prendre courage, car ce vaillant soldat certes, n'a point gravi le Golgotha en héros farouche et stoïque : il était bien trop humain pour cela.

Le long de la montée du Calvaire, on peut compter les frémissements de l'homme qui aime la vie, qui est attiré par tous ses sourires, mais qui mate la nature et lui commande en maître. « Les méridionaux pas plus que les autres n'aiment la croix, écrivait-il un jour, mais le devoir est plus que l'attrait, et la grâce fait

---

1. Discours prononcé le 28 juin 1915, sur la tombe du lieutenant David, et de ses compagnons du 12ᵉ Hussards.

fléchir les tempéraments les plus robustes et dompte les cœurs les plus hautains[1]. »

Son exemple nous montre sur le vif comment la douleur peut s'allier à la soumission ; comment l'angoisse peut descendre jusqu'aux dernières profondeurs de l'âme sans en altérer la paix, et « comment il faut avec les débris de notre cœur brisé, aimer plus que jamais et adorer avec plus de pureté et de perfection le Dieu dont la main puissante nous a broyés[2]. »

Ayant souvent et longuement contemplé la croix, il avait compris son rôle dans l'économie divine : « Non, non, la douleur n'est pas une terrifiante énigme à notre esprit : c'est bien plutôt le contrepoids du péché, de notre péché ou de celui des nôtres ; c'est elle qui répare, rétablit l'équilibre, qui est le contrepoids du blasphème, surtout quand elle se fait harmonieuse et souriante autant que courageuse. Jésus, j'adore, je bénis cette divine visiteuse et aime la sentir à mes côtés. Quand mes dispositions seront moins bonnes, rappelez-moi que je vous ai promis de tout comprendre, de tout vouloir et de tout aimer[3]. »

Sa prière ancienne et fréquente est celle-ci : « Seigneur, je vous supplie de me faire souffrir chaque fois que je vous aurai abandonné...

1. Lettre à Mlle F., 1903.
2. Méditation de 1911.
3. *Id.*

Je veux à tout prix m'harmoniser avec votre plan divin, occuper la place que vous m'avez marquée de toute éternité et ne pas être rejeté[1]. »

Fidèle à ses principes, l'aumônier déclarait hautement devant les officiers : « Si je suis blessé, je vous déclare à tous que je suis prêt à tout ce que Dieu voudra pour le salut de la France. Je ne demande qu'une chose, c'est que la bonté divine me donne une force d'âme suffisante. » Il précisait dans l'intimité de son Journal : « Mon Dieu, du secours des médecins matérialistes, délivrez-moi à l'heure de ma mort. S'ils doivent annihiler ma conscience, j'aime mieux, ô Jésus, subir toutes les tortures renouvelées de votre agonie et à ce prix paraître devant vous ennobli, régénéré, sanctificateur et sauveur. »

Bien plus que la souffrance, il craignait pour son corps «temple du Saint-Esprit...» les regards profanateurs auxquels il voyait les blessés livrés chaque jour par « l'impudeur naturelle » de ceux qui « n'ont aucun respect de l'homme » et il priait le Christ de ne point permettre qu'il leur soit abandonné, tant était grande la délicatesse du prêtre.

Il faisait tenir ce message à quelques-unes de ses filles spirituelles : « dites-leur de croire au Christ, de l'aimer, de ne jamais douter de lui, d'accepter doucement la vie qu'il leur donne,

1. Méditation de 1911.

de faire de la musique avec cela, de passer en aimant, de ne haïr personne, de ne pas mépriser ce que Dieu a mis en elles de noble, de bon, de désintéressé. Qu'elles sourient à la vie sous les meurtrissures quotidiennes, sous les riens dont elle est faite. Si une blessure formidable a raison de moi, je promets de sourire à mes plaies, d'en comprendre la sublimité, de bénir la main qui m'aura frappé, de vivre ce que j'aurai enseigné[1]. »

Il le vivait tous les jours plus et mieux, et il avait le droit de dire : « Ne refusons ni le sang ni les larmes, cherchons la pensée dernière et harmonieuse de Dieu dans tout sacrifice[2].»

Ce faisant, il constatait : « La vie est une symphonie quand on est droit. Dieu passe son temps à faire et à défaire en nous, et le saint n'est qu'un homme qui passe sa vie à suivre la volonté de Dieu et qui dès là ne perd ni une minute ni une once de forces. »

L'adaptation, c'est le grand secret de l'équilibre ou encore, comme l'abbé Lagardère aimait à dire, de l'harmonie de l'existence : se plier à tout, voir en tout la main divine, cela aide singulièrement à l'héroïsme, comme à la sainteté.

Ainsi libéré des attaches terrestres, le prêtre de Jésus aspire largement l'air pur des sommets. « Ma vie se passe, peut-il écrire à la guerre,

1. Lettre à Mme X.
2. Lettre à Mlle X.

dans une sorte de délire calme, contenu, conscient de la joie, de la fierté de vivre haut et de voir la vie à travers le prisme de la beauté... Je sublimise l'existence en l'idéalisant sans cesse et à quelque heure que je m'arrête pour en prendre conscience, je me trouve comme à cheval. — La métaphore est osée et pourtant elle traduit fort bien mon état d'âme. Dans la boue où les piétons pataugent, je passe quotidiennement à cheval sans me souiller d'une seule tache et je savoure cette manière d'être. Au point de vue moral, j'essaie de faire qu'il en soit exactement ainsi... Je suis de la race de ces rêveurs qui développent sans trêve les songes grandioses de leur âme de feu et essaient de les transformer en réalités aussi rutilantes que les évocations de leurs aspirations trois fois saintes. »

Le beau langage ! et qu'il traduit bien cette âme de rare noblesse taillée à la mesure de son rêve.

Aumônier des cloîtres ou aumônier des camps, l'abbé Lagardère se tient ainsi toujours en selle, pour parler sa langue, toujours tendu vers l'Infini. « Allons, il faut monter ! » C'est le refrain qui revient sans cesse sur ses lèvres. Il va à Dieu avec toutes ses puissances plus disciplinées, mieux hiérarchisées de jour en jour, et de jour en jour la paix née de cette harmonie gagne jusqu'à tout envahir : « Me voilà libre comme l'aigle en ses cîmes, peut-il écrire au lendemain de Châtillon. Je surplombe ma vie : les ailes frémissantes, je m'arrache à son étreinte et mes soixante ans résonnent du même pas que mes vingt ans. »

Ses lettres, ses méditations de guerre sont pleines d'échos semblables. On y trouve à chaque page un témoignage vivant de ses vibrantes aspirations et de leur réalisation splendide. La difficulté est de choisir parmi ces richesses les plus purs joyaux.

En voici quelques-uns.

« Pour ma part, lisons-nous en novembre 1915, après l'incident du discours du 6 octobre, pour ma part, je profite de tout pour me faire meilleur, pour devenir bon, très bon, me façonner un cœur généreux et vaillant. Je voudrais que mon digne père, mes aïeux, ceux qui depuis des siècles dorment en terre sainte, en mon pays aimé, voient en moi un chevalier dans l'acception magnifique du terme ; je voudrais qu'ils soient fiers de moi, qu'ils applaudissent à mon geste, à ma pensée, qu'ils sourient à mes semailles sacrées et qu'ils attirent sur elles la divine rosée qui pour l'éternité, féconde les champs de ce monde où nous ne faisons que passer.

Je voudrais en un mot profiter de tout, de tous, de mes amis, de mes ennemis, de mes fautes, de mes humiliations, de mes joies, de mes succès pour améliorer mon âme, l'unir plus étroitement au cœur de Jésus, devenir un saint.

J'espère bien ne pas m'en aller de ce monde, sans avoir réalisé ce programme. »

Le 23 septembre 1918, l'abbé Lagardère écrit : « Terrible bombardement sur mon gourbi. Tout vole en éclats, mon autel est renversé ; mon âme est en paix... Je me fie à Dieu et ne me dérobe pas, je lui fais hommage de ma vie, de tout mon moi. Il est le Maître, qu'il agisse, qu'il sauve ou qu'il tue. Je n'ai plus que le désir de monter. Mon âme se liquifie en Lui : tout le reste demeure et augmente, mais tout le reste lui est subordonné et ne vaut que par lui. »

Le 25 septembre : « Ah ! la guerre, quelle grande maîtresse de vie et de mort, quel professeur ! Quand on est docile et attentif, on est mû du matin au soir et on va où la Providence conduit. Aucune heure ne se ressemble... Je suis souple sous l'archet divin comme jamais je ne le fus. Je me perds en Dieu comme la goutte d'eau dans l'Océan. Je me laisse mouvoir. A la guerre qui ne se laisse pas mouvoir ? Tout y est violent, même et surtout l'action divine. »

« Sanctifiez-moi et j'aurai tout ce qu'il me faut, écrivait-il à une de ses filles en Jésus-Christ, un de ses appuis spirituels, il faut que ma vie soit sursaturée de divin, qu'elle ait peur de l'ombre du péché, qu'elle surnaturalise tout.»

Il remplit si bien ce programme qu'il peut écrire de sa plume loyale, au bas de l'une de ses dernières méditations : « Entrez, Maître, vous êtes chez vous... Il n'y a en moi aucune affection dont j'aie à rougir. Tout est beau, tout est surnaturel. Venez. »

Ainsi, peu à peu, de jour en jour, la grâce affluait, elle surabondait : « Mon âme est à l'union à Dieu. Je crois que plus une fibre n'est humaine ; plus rien de ce monde ne m'intéresse. Dieu est mon unique préoccupation : toute épreuve m'est douce... elle alterne avec la joie... C'est la période de la préparation à la mort. Je vois tout sous un angle sous lequel je n'avais jamais vu. Je vis en la présence de Dieu ; j'ai la paix, l'immense paix avec Dieu, avec les hommes, avec moi-même...

« Rien ne me manque, j'ai trop... Dieu est mon tout, je vis de lui à l'infini. Demain sera ce que Dieu voudra. Fions-nous à lui. Vivons cette doctrine dans une paix divine et savourons la joie d'être morts à tout, tant nous sommes unis à Lui... Servons le Christ splendidement et faisons silence en Lui. »

Les derniers mois, les dernières semaines de la vie de l'abbé Lagardère sont comme une fervente et intense préparation à la mort. Il avait sans cesse devant les yeux les conséquences terribles de sa vocation d'aumônier militaire. « Priez, priez, priez. Doublez, triplez vos supplications, s'écriait-il, tourné vers les contemplatives, devenez prière vivante... Des actes, des actes qui touchent et émeuvent le cœur de

Dieu et l'inclinent à nous sauver... Il n'y a que s'immoler qui compte. » Et cette prière qu'il demandait avec de si vives instances, était sans doute pour la France, mais elle était aussi pour l'aider à se livrer lui-même à l'immolation.

Il sentait venir son heure : « Il faut à tout prix sortir de l'ordinaire et regarder en face la passion qui doit s'accomplir à Jérusalem ou ailleurs[1]. »

« Il faut... » Mais c'est dur à ce grand vivant, et il n'est besoin de rien de moins, pour qu'il se plie à la rigueur totale de la loi, que la contemplation des motifs glorieux de la Résurrection. L'apôtre regarde anxieusement le Dieu-Homme qui versa la sueur d'agonie : « d'où vient au Fils de l'Homme son attitude ferme en face de la mort, cette sérénité qui le fait en parler comme d'un fait divers ? — Je suis persuadé qu'elle lui vient de sa foi en sa résurrection : « *Et tertia die resurget* ».

« L'horizon qui se déroule à son regard, c'est le Gethsémani et c'est le Calvaire. Mais plus loin que cet horizon sanglant, il aperçoit la gloire de sa Résurrection. »

Avec le Christ, le disciple regarde, il croit et il s'affermit. Alors seulement il ajoute : « Il faut que Jean souffre, il faut qu'il soit jeté à corps perdu, dans les flots d'angoisse qui le submergent. »

Avant de monter au Calvaire à son tour, le 2 novembre, veille de victoire et de libération,

1. 6 août 1918.

l'aumônier exalte une dernière fois devant les troupes assemblées, « les immortels vivants » tombés au champ d'honneur ; aux « survivants de la grande guerre », il clame l'invincible espérance des revoirs éternels : « dans ma propre chair, je verrai mon Dieu ! »

Il peut dès lors faire librement le sacrifice de sa vie mortelle et il se tient en haleine, les bras levés pour l'offrande.

Le 23 octobre, onze jours avant sa mort, l'abbé Lagardère traçait cette réplique sublime aux élans de sa jeunesse avide d'immolation :

Le prêtre victime avec le cœur de Jésus

Parce que les iniquités, les péchés et les crimes des hommes ne cessent pas, il est nécessaire que l'expiation ne cesse pas. Voilà pourquoi le Christ s'immole sans cesse sur l'autel. Mais il faut que les hommes achèvent dans leur chair ce qui manque à la passion de Jésus. Voilà pourquoi sont immolées d'autres victimes qui, offertes dans la suite, sont consumées par l'ardeur d'une volonté qu'entretient la flamme de la charité.

J'ai été choisi par le Christ pour être cette victime. Une telle parole ne m'effraie pas, elle me réjouit.

Souffrir et être immolé pour l'être qu'on aime le plus en ce monde, c'est la dilection par excellence. O mon âme, livre-toi à ton divin

sacrificateur, fais l'ascension de la montagne
sainte chargée du bois de l'holocauste, et liée à
lui et à la main qui va frapper le coup mortel,
ne cesse pas de dire « Fiat »... Seigneur, ce que
vous voudrez, comme vous voudrez, quand vous
voudrez. Je suis prêt et je veux.

Après une telle mort, après ma mort, luiront
les jours de la résurrection et de la vie.

> Me voici sous le bois
> Jésus, immole ta victime.
> Rien ne m'est que par toi ;
> D'amour, mon cœur est un abîme[1].

Il ne reste qu'à se taire et à se recueillir
après de tels mots. Ils indiquent le plein épanouissement d'une âme. La fleur spirituelle
s'est développée selon le mouvement progressif,
harmonieux et logique de sa vie divine ; elle est
arrivée au terme de l'effloraison : la main de
Dieu la peut cueillir.

Les paroles dites aux dernières heures du
jour par l'apôtre blanchi au service du Christ,
rejoignent les paroles prononcées à son aurore :
le cercle se referme, enchâssant magnifiquement,
dans son orbe héroïque, la vie du prêtre incomparable, français de la plus belle race, qui
tomba, au dernier soir des sanglantes hécatom-
bes, ayant aimé Dieu et les âmes jusqu'à la fin.

----

1. Méditation du 23 octobre 1918.

TABLE DES MATIÈRES

DEUXIÈME PARTIE

CHAPITRE V

Le secrétaire de Mgr Petit

CHAPITRE VI

L'aumônier des cloîtres

CHAPITRE VII

Le Conférencier

CHAPITRE VIII

La Femme Contemporaine
et la Jeune Fille Contemporaine

CHAPITRE IX

Le directeur de la Semaine Religieuse et des Œuvres

CHAPITRE X

Le directeur de consciences

TROISIÈME PARTIE

CHAPITRE XI

L'Apostolat sur les chemins

CHAPITRE XII

Dans l'Infanterie

CHAPITRE XIII

Le sacrifice